名师名校名校长

凝聚名师共识
圆志名师关怀
打造名师品牌
培育名师群体

顾明远题

广州市肖海英名师工作室

高中数学
探究式学习模式的
理论探索与实践研究

GAOZHONG SHUXUE
TANJIUSHI XUEXI MOSHI DE
LILUN TANSUO YU SHIJIAN YANJIU

肖海英 ◆ 著

东北师范大学出版社

长 春

图书在版编目（CIP）数据

高中数学探究式学习模式的理论探索与实践研究 /
肖海英著. 一 长春：东北师范大学出版社，2022.9
ISBN 978-7-5681-9412-9

Ⅰ.①高… Ⅱ.①肖… Ⅲ.①中学数学课—教学研究
—高中 Ⅳ.①G633.602

中国版本图书馆CIP数据核字（2022）第168921号

□责任编辑：石　斌　　　　　□封面设计：言之凿
□责任校对：刘彦妮　张小娅　□责任印制：许　冰

东北师范大学出版社出版发行

长春净月经济开发区金宝街 118 号（邮政编码：130117）
电话：0431-84568023
网址：http://www.nenup.com
北京言之凿文化发展有限公司设计部制版
北京政采印刷服务有限公司印装
北京市中关村科技园区通州园金桥科技产业基地环科中路 17 号（邮编：101102）
2022年9月第1版　2022年12月第1次印刷
幅面尺寸：170mm×240mm　印张：16　字数：233千

定价：58.00元

荣誉证书

肖海英 老师在2007年广州市高中数学青年教师解题比赛中,荣获二等奖。

特发此证,以资鼓励。

广州市教育局教研室中学数学科
广州市中学数学教学研究会
二〇〇七年六月

荣誉证书

肖海英同志在班主任工作中成绩显著,授予"广州市优秀中小学班主任"称号。

特发此证,以资鼓励。

二〇〇八年九月

荣誉证书

肖海英同志被评为增城市第四届中小学教学能手。特发此证,以资鼓励。

增城市教育局
二〇一〇年一月

本书为广州市肖海英名师工作室研究成果

研究成果

结业证书

肖海英 老师参加了由增城市教育局主办，广州市教育科学研究所承办的增城市骨干班主任培训班学习，修满规定学时（90学时），经考核，成绩合格，准予结业。

广州市教育科学研究所
增城市教师进修学校
二○一○年一月

荣誉证书

肖海英老师在2010年广州市"卡西欧杯"中学数学青年教师"讲课比赛"中，荣获（高中组）一等奖，特发此证，以资鼓励。

广州市教育局教研室数学科
广州市中学数学教学研究会
二○一○年六月

荣誉证书

肖海英老师在2010年广州市"卡西欧杯"中学数学青年教师"教学设计比赛"中，荣获（高中组）二等奖，特发此证，以资鼓励。

广州市教育局教研室数学科
广州市中学数学教学研究会
二○一○年六月

荣誉证书

肖海英老师在2011年广州市高中数学青年教师解题比赛中，荣获三等奖。

特发此证，以资鼓励。

广州市教育局教研室数学科
广州市中学数学教学研究会
二〇一一年六月

荣誉证书

广州市增城中学肖海英老师荣获广州市第四届高中数学"十佳青年教师"称号。

特发此证，以资鼓励。

广州市教育局教研室数学科
广州市中学数学教学研究会
二〇一二年六月

荣誉证书

授予：肖海英同志

2015年广州市增城区优秀教师称号，特此表彰。

中共广州市增城区委　　广州市增城区人民政府

2015年9月

研究成果

荣誉证书

增城中学肖海英老师在 2016 年增城区高中教师解题比赛中荣获"数学学科解题能手"称号。

特发此证，以资鼓励。

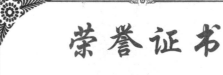

广州市增城区教育局
2016 年 12 月

荣誉证书

VOLUNTARY CREDENTIAL

肖海英 同志被认定为增城区第三批中小学骨干教师。

特发此证，以资鼓励。

广州市增城区教育局
2017 年 6 月 27 日

18

荣誉证书

肖海英 同志被评为2017年度

优秀共产党员

特发此证，以资鼓励。

增城中学党支部
二〇一七年七月一日
支部委员会

研究成果

结项证书

项目类别：广东省教育科学 "十二五" 规划项目

批 准 号：**2013YQJK093**

项目名称：高中数学探究式学习模式的实验研究

负 责 人：肖海英

课题组成员：邓城 李雷 肖辉 黄娜 钟康生 李勋 方世藩 李祥钧

证 书 号：201713T203

鉴定等级：优秀

　　该项目经审核准予结项，特发此证。

广东省教育科学规划领导小组办公室

二〇一七年七月

荣誉证书

　　增城中学 肖海英 老师辅导学生在 2017 年 "广州市高二数学竞赛" 中成绩显著，授予 "优秀辅导教师" 称号。

　　（辅导学生获一等奖 1 人，二等奖 1 人，三等奖 0 人）

　　特发此证，以资鼓励。

编号：2017GEJSJS003

广州市教育研究院

二〇一七年七月

广州市基础教育系统新一轮百千万人才培养工程

结业证书

姓　　名：肖海英

工作单位：广州市增城区增城中学

肖海英同志自 2012 年 12 月至 2016 年 9 月，参加广州市基础教育系统新一轮百千万人才培养工程的 第1批 中学名教师培养对象培训班 培训，按教学计划完成培训课程。培养期满后，该同志参加了由市教育局组织的期满考核，成绩 优秀，准予结业。

2017 年 8 月 31 日

荣誉证书

增城区增城中学肖海英，经遴选认定为广州市中小学名教师工作室主持人，任期为2018年1月1日至2020年12月31日，特此证明。

广州市教育局
2018年6月20日

证书编号zd20180000473

聘 书

兹聘 增城中学 肖海英 为华南师范大学2015级师范生实习指导教师，指导学生开展教育实习相关工作。

聘期从 2018 年 9 月 1 日始，至 2018 年 11 月 4 日止。

此 聘

华南师范大学教务处
二〇一八年九月一日

聘书

兹聘任肖海英老师为增城区 2018 年新教师培训教学实践导师，聘期为 2018 年 9 月至 2021 年 7 月。

广州市增城区教育局

广州市增城区教师进修学校
2018 年 9 月 20 日

聘　书

肖海英　老师：

　　经校长室研究决定，特聘请您为广州市增城区增城中学第二批名师工作室主持人。

　　成员：钟凤平、黄志远、钟康生、黄娜、郭义辉、肖辉、蓝留铺。

广州市增城区增城中学

2018 年 11 月 8 日

荣誉证书

荣获 2018 年增城区第七届教学成果奖

获奖成果：高中数学探究式学习模式的实践研究
完成单位：增城中学
完成人：肖海英
获奖等级：三等奖
证书号：JXCG201831

广州市增城区教育局

2018 年 12 月 12 日

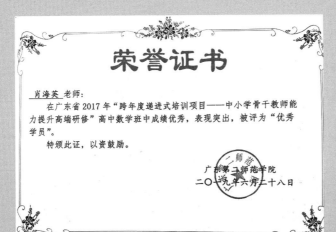

荣誉证书

肖海英　老师：

　　在广东省 2017 年"跨年度递进式培训项目——中小学骨干教师能力提升高端研修"高中数学班中成绩优秀，表现突出，被评为"优秀学员"。

　　特颁此证，以资鼓励。

广东第二师范学院

二〇一九年六月二十八日

研究成果

研究成果

荣誉证书

肖海英 老师：

在广东省2017年跨年度递进式培训项目——中小学骨干教师能力提升高端研修班(高中数学)第二年度培训中，课题《高中数学探究式学习模式的实践研究》研究进展顺利，成果突出，业已达到结题要求，经专家组评审，定为优秀等级。

特颁此证，以资鼓励。

广东第二师范学院数学系
二〇一九年叁月贰十七日

证　书

课题名称：《高中数学探究式学习模式的实践研究》
承担单位：广州市增城区增城中学
课题类别：广东教育学会"十三五"教育科研规划课题
课题编号：GDES13440
课题主持人：肖海英
课题组成员：黄娜、钟凤平、郭义辉、肖辉、钟康生、李雷、邓城、李励、王晔

本课题经专家组评审，准予结题，特发此证。

广东教育学会
二〇一九年七月二十五日

聘　书

兹聘请 肖海英 同志任广州大学学科教学（数学）专业学位硕士研究生指导教师，聘期五年，自2020年9月1日至2025年8月31日止。

此聘！

广州大学数学与信息科学学院
学位评定分委员会
2020年9月1日

以生为本，自主探究，合作共赢

一、以生为本

以生为本是教育的终极价值。教育要以学生的发展为根本，就要热爱生命、关爱生命、敬畏生命。教育的真谛绝不应只看成绩单，而应以学生的全面发展为目标。就学校教育而言，必须坚持"以生为本"的教育教学理念，通过设计和谐的课堂教学、营造和谐的教学氛围、提供和谐的成长环境，使教师的"教"和学生的"学"更加和谐，学校、家庭、社会三者的关系更加融洽，从而达到为社会培养和谐有用之才的良好效果。

数学教学就应该把数学课程标准中"以学生的发展为本"作为基本理念，尊重学生的主体性。教学中，教师必须淡化自我，以学生的思维方式去上课，从学生的发展需要出发，以学定教，以需选教，从自己的言行举止做起，一举手、一投足、一个微笑、一个抚摸……都要表现出善意的唤醒与鼓励，传递出真情的关爱与温情。教师带给学生的不仅是知识和技能，而且是启迪、激励和力量，教师应该使课堂更具生命力。我任教24年来在教学中始终遵循这样的理念：学生最喜欢的课堂，就是好课堂；学生感到快乐的课堂，就是好课堂；学生学得轻松的课堂，就是好课堂。一切教学环节首先应该考虑到的就是如何"以生为本"。

二、自主探究

探究是要学会思考，在问题解决之后再探求一些新的方法，学会从不同角度去思考问题，甚至通过改变条件或结论去发现新问题。经过一段时间的学习，应当将自己的思路整理一下，以形成自己的思维规律。最早提出在学校科学教育中使用探究方法的是杜威。杜威认为，科学教育不仅仅要让学生学习大量的知识，更重要的是学习科学研究的过程或方法。认知学派的代表人物皮亚杰从建构论的观点出发，认为认知的建立不是外界客体的简单复写，也不是主体内部预先形成的结构的展开，而是一个由主体与外部世界不断地相互作用而逐渐形成的结构的集合，也就是主动建构的过程。建构主义教学观应该是建议式的、开放文本式的，是源于生活实践的学习与思考。这些理论为中学教育教学改革提供了理论支撑。新一轮国家基础教育课程改革的一个重要而具体的目标就是改变至今仍普遍存在的学生被动接受、大运动量反复操练的学习方式，倡导学生主动参与的自主探究式学习模式。新课程标准要求在高中数学教学中对一些数学及其应用问题用科学探究的方法来完成，要让学生开展自主探究式学习，学会自主建构知识模型；要求教师在教学中发挥主导作用，引导学生从方法论的角度去领悟数学学习的奥妙，积极探究数学学习的全过程。

自主探究式学习包含三方面的含义：一是自主探究式学习是由学习者的态度、能力和学习策略等因素综合而成的一种主导学习的内在机制，也就是学习者指导和控制自己学习的能力，如制定学习目标的能力、针对不同学习任务选择不同学习方法和学习活动的能力、对学习过程进行监控的能力、对学习结果进行评估的能力等。二是自主探究式学习指学习者对自己的学习目标、学习内容、学习方法以及使用的学习材料的控制权或者说自由选择权。三是自主探究式学习是学习者在总体教学目标的宏观调控下，在教师的指导下，根据自身条件和需要制定并完成具体的学习目标。

"探究式学习模式"主要是指在教师指导下，以类似于科学研究的方式去获取知识、应用知识和解决问题。该模式是以探究为基本特征的一种学习活动形式，其目的在于激发学生的学习思维。探究活动包含学生间的讨论以及师生间的互动，它可以充分调动学生自主探究学习的积极性，发展他们的学科创新意识；可以培养学生自主探究学习的能力，使学生由被动接受知识转为主动参与探究构建知识，它是与接受式学习相对的。

"探究式学习模式"是以培养学生"终身学习能力"为宗旨，以"问题发现""问题生成""问题解决"三个环节为主线，以"自主合作探究学习"为主要途径，最终实现"学生—教师—学校"三者共同发展的一种合作共赢的学习模式。

"探究式学习模式"的主要特点：突破了传统教学模式中师生之间教师是绝对"主导"、学生是"主体"的地位关系，倡导师生课堂地位的"同构"性，侧重于对师生课堂角色认知、行为习惯、思维方式的重构。在"探究式学习模式"下，教师和学生构成探究过程的"双主体"，教师由显性主体逐步转变为隐性主体；相应地，学生由隐性主体逐步转变为显性主体。其实质是师生"双主体、双互动"的"学习共同体"，整个教学过程中，教师也是一个受益者和成长者。

高中数学探究式学习模式是指学生在教师创设的问题情境下，围绕某个数学问题，运用探究的方法主动获取知识和发现新问题、创新新思维的一种学习模式，该模式的目的是不断培养学生探究、发现、解决数学问题和解决类似问题的能力。其中探究式学习过程包括观察分析数学事实，提出有意义的数学问题，猜测、探究适当的数学结论或规律，给出数学解释或证明。

高中数学"探究式学习模式"的学习过程包括"全程三环"（课前预习环节、课堂探究环节、课后延伸环节），"课中五步"（自主探究、合作探究、成果展示、当堂检测、我的收获）。

高中数学"探究式学习模式"的重要意义：一是能改变学生的数学思维习惯，提升学生的数学思维能力。二是能转变教师和学生的身份与角色。在该模式中，教学目标仍然是重要的，目标转化为问题后，师生共同探究解决问题是最重要的。三是能改变学生的学习方式，由依赖型的被动接受学习变为主动探究与建构学习，从而为学生终身学习能力的培养奠定基础。四是以"关注人的发展"为理念。该课题研究遵循新课标以"关注人的发展"为理念，依据新课标要求和新教材特点，结合本校实际，以"行动研究方法"为主并同时综合运用教育研究的多种方法进行实验研究，将为一线教师指导学生进行探究式学习提供完整而清晰的教学思路。

三、合作共赢

在新课程背景下，师生形成了一种新的关系，即合作共赢的关系。随着建构主义理论和合作学习理论的不断发展，新型师生关系也在不断建构、发展。而教师在这一过程中，扮演更多的是促进者、合作者、评价者等角色。建构主义理论主张在"探究式学习模式"课堂中，学生应在教师的帮助下，以主人翁的态度，明确探究目标，思考探究问题，掌握探究方法和策略，理清和交流探究思路，总结和分析探究结果，在整个过程中扮演主体角色。在建构主义和合作学习理论背景下，传统教学中的一些做法逐渐被否定。但是，通过我20多年的教学实践，个人认为，教师角色的定位不应被完全模式化，而应根据具体学情、具体教学内容而定，教师的主导作用更不应该被全盘否定。"探究式学习模式"是以"解决问题"为导向，通过生生合作与师生合作，不断寻求解决问题的方法的一种学习模式。"探究式学习模式"不仅要注重探究结果，而且应该注重探究过程。教师提问时要给学生留出足够的探究时间，以免失去探究的时间要素。教学实践中，教师要不断地进行课堂教学反思，要牢固树立"以生为本"的教育教学理念，坚持把学生作为课堂的主人，充分尊重学生的人格和自尊心，重视学生的不同见解，鼓励学生大胆发言，创新求异，积极营造良好的课堂探究氛围，引导和帮助学生寻找探究问题的途径，让学生懂得该探究什么、如何探究、面对探究问题该怎么做等。

新课程背景下的合作共赢不能只限于师生之间，其实合作的另一种形式是生生合作。合作学习的倡导者认为："在课堂上，学生之间的关系比任何其他因素对学生的成绩、社会化和发展的影响都更强有力。""探究式学习模式"中的生生交往对学生认知、情感、价值观目标的实现以及人际交往技能、与人合作能力等的发展具有至关重要的作用，但在教学实践中，课堂上同伴相互作用的重要性往往被忽视。"探究式学习模式"通过鼓励生生之间的合作与交往，创设出具有活力的合作情境，让学生明白每个人都有其独特的、值得别人学习之处，每个人都是不可多得的宝贵学习资源。在互相学习、互相帮助、互相合作中，学生会成长得更快乐，生活会更加丰富多彩。事实上，所有课堂行为都发生在学生的同伴群体关系之中，都发生在由每个学生所构成的环境之中。我们要认识到：在课堂上，学生之间的关系比其他任何关系都重要，同伴群体是一种有效的教育资源和教育力量。因此，实现"探究式学习模式"中的生生合作、师生合作是合作学习、教育的内在诉求，通过合作学习可以达到学校、教师、学生三方共赢的效果。

四、结语

从事数学教学 24 年以来，我始终把学生的"学"放在核心位置，在教学中一直注重在教学方法上的改革与创新以及个人的不断成长。我一方面汲取前人的教学精华；另一方面积极思考探索新路径，先后进行了多项教学改革创新和课题研究，逐步形成了个人的"以生为本，自主探究，合作共赢"的教育教学思想。我 2008 年开始研究高中数学"探究式学习模式"，2008 年至 2021 年的 14 年间，先后主持了高中数学"探究式学习模式"相关的三个课题：增城市（现为增城区）"十一五"规划课题"新课标下中学数学探究性学习方式的实验研究"（2008—2012 年）、广东省"十二五"规划课题"高中数学探究式学习模式的实验研究"（2013—2017 年）、广东省教育学会"十三五"教育科研课题"高中数学探究式学习模式的实践研究"（2017—2021 年）。三个课题的研究以"研"促"教"、以"教"践"研"，14 年来，通过课题组成员在教学实践中对该模式的不断完善、反复检验与反复提炼，在经历了 5 届优秀毕业生的教学实践检验后，高中数学"探究式学习模式"也逐步走向成熟。我校从 2014 年开始进行"问题导学"教学模式改革，座位设置以 6 人小组为单位进行围坐，学生之间通过分组构建了学习共同体。我在"以生为本,自主探究,合作共赢"的教育教学思想的引领下,与课题组成员在一线教学实践中积极推广高中数学"探究式学习模式",与全体课题组成员取得了丰硕的教科研成果,大家在教学质量上也都有了质的飞跃,教学上取得了很大突破,我14年所带的5届高中毕业生在高考中都取得了优异的数学成绩!

肖海英

2022 年 3 月

目
录

第八章 高中数学"探究式学习模式"的课型分类与教学设计

高中数学 "探究式学习模式" 的 基本概述

第一章

第一节　高中数学"探究式学习模式"的研究背景、意义、理论依据

一、研究背景

从 20 世纪中期以来，探究教学法的合理性就得到了公认。欧美诸国纷纷倡导"主题探究"与"设计教学"活动。日本在新课程体系中专设"综合性学习时间"；我国台湾非常强调培养学生的"主动探究和研究精神"以及解决问题的能力；我国香港确立的基本学习理念是"终身学习，全人发展"，贯穿这一基本理念的核心是以"学会学习"为总目标。在我国内地，探究式教学从 20 世纪中后期也开始了探索过程。

在这一过程中，指导课改的教育教学理论被引介到国内，用来指导国内实践。最早提出在学校科学教育中运用探究方法的是杜威。杜威认为，科学教育不仅仅是让学生学习大量的知识，更重要的是让学生学习科学研究的过程或方法。认知学派的代表人物皮亚杰从建构论的观点出发，认为认识的建立不是外界客体的简单复写，也不是主体内部预先形成的结构的展开，而是一个由主体与外部世界不断相互作用而逐渐形成的结构的集合，也就是主动建构的过程。建构主义教学观应该是建议式的、开放文本式的，是源于生活实践的对学习的思考。这些理论为中学教育教学改革提供了理论支撑。

新课标的首要目标是关注人的发展，关注人是新课程的核心理念。新课标要求教师教学面向每一个学生，尊重学生、关心学生、了解学生；关注学生的情绪和情感体验；改变学生的学习方式，提倡自主、合作、探究的学习方式。

我国《基础教育课程改革指导纲要》把"以学生发展为本"作为新课程的基本理念，以建构主义教育思想等人文科学的研究方式为指导。新一轮国家基础教育课程改革的一个重要而具体的目标就是改变至今仍普遍存在的学生被动接受、大量反复操练的接受式学习方式，倡导学生主动参与构建的探究式学习（inquiry learning）。新课程标准要求在高中数学教学中对于一些数学及其应用问题要用科学探究的方法来完成，让学生开展探究式学习，学会自主建构知识模型；要求教师在教学中发挥主导作用，引导学生从方法论的角度去领悟数学学习的奥妙，积极探究数学学习的过程。

在各国国家课程标准中，科学探究（scientific inquiry）的意义以及如何通过国家标准促进探究式学习实施的问题得到了普遍重视。科学探究不仅被作为重要的理念被强调，也作为教学建议被提出，而且被列入了课程目标和内容标准，作为必须实施的内容要求。这势必对教材编写和教学实践产生重大影响。然而，探究式学习方式在我国毕竟尚处于初期探索阶段，它所需要的教育环境、条件，特别是对教师观念的转变、理解水平的要求等，不是课程标准本身就能解决得了的问题，由此引发了一系列困惑、疑虑、担忧。当前，急需解决的工作就是要对有关的理论和实践问题进行梳理，对一些牵涉教学实施的重大问题进行思考并做出回答，从而保证新课程改革的实效性。本课题研究正是针对目前我国的这种现状而提出的，这既响应了世界学习方式转变的发展趋势，也是我国进行新一轮课改的必然和必需。

面对改革大潮，我校很早就开始围绕"四个有效"（有效备课、有效授课、有效作业、有效辅导）进行探索了，并申请了各级别的课题进行研究，取得了阶段性的成果。从 2012 学年度开始，我校进一步实行课堂教学模式改革，全校以"问题导学"模式的构建为核心，申请了广州市"十二五"规划课题"构建高中课堂'问题导学'模式的实验研究"，笔者作为学校该大课题中数学学科的研究人员代表，以"探究式学习模式的实验研究"为题进行课题研究，符合我校教学的总目标，同时服务于我校的总课题研究。

二、研究意义

（一）改变学生的数学思维习惯，提升学生的数学思维能力

实践证明，"探究式学习模式"可以改变学生的数学思维习惯，提升学生的数学思维能力。"探究式学习模式"是以"问题探究"为基本特征的一种学习活动形式，探究学习的目的在于激发学生的思维。探究活动包含学生间的讨论以及师生间的互动，它可以充分调动学生自主学习的积极性，让学生初步体验数学发现和创造的过程，发展学生的创新意识，培养学生自主探究学习的能力，使学生由被动接受知识转为主动参与探究知识。探究式学习过程包括观察、分析数学事实，提出有意义的数学问题，猜测、探究适当的数学结论或规律并给出解释或证明。

（二）转变教师和学生的身份与角色

实践证明，"探究式学习模式"能转变教师和学生的身份与角色。在"探究式学习模式"中，教学目标仍然是最重要的，目标转化为问题后，师生共同探究解决问题是最重要的。教师和学生都是探究过程的主体，教师逐步由显性主体转变为隐性主体，相应地，学生逐步由隐性主体转变为显性主体，其实质是师生"双主体、双互动"的学习共同体。

（三）改变学生的学习方式

实践证明，"探究式学习模式"对改变我国长期以来"接受学习"一统天下的单一方式有着重要的理论价值和现实意义。"探究式学习模式"能改变学生长期以来由"接受学习"为主的被动学习方式变为主动建构的探究式学习方式，为学生终身学习能力的培养奠定基础。

（四）以"关注人的发展"为理念

该课题研究以新课标"关注人的发展"为理念，依据新课标要求和新教材特点，结合本校实际，以"行动研究方法"为主并同时综合运用教育研究的多种方法进行实验研究，将为一线教师指导学生进行探究式学习提供完整而清晰

的教学思路。

三、研究的理论依据

《普通高中数学课程标准（实验）》中至少三次提到"体验"，即高中数学课程应力求使学生体验数学在解决实际问题中的作用、数学与日常生活及其他学科的联系，促进学生逐步形成和发展数学应用意识，提高实践能力；体验数学研究的过程和创造的激情，提高发现问题、提出问题、解决问题的能力，发挥自己的想象力和创造力；在思考、探索和交流的过程中获得对数学较为全面的体验和理解。

《数学教学理论》一书的观点认为，通过自身活动获得的知识和能力，远比别人强加的要理解得透彻、掌握得更好，也更具有实用性，一般来说还可以保持更长久的记忆。探究是一种发现，而发现是一种乐趣，这种乐趣能够激发学生深入研究的动力。数学本身是一种人类活动，探究也是人类的一种活动。

美国当代著名的心理学家布鲁纳认为，教学必须重视学习过程。学生主动地去探索、认知事物，不断地把新的知识经验纳入已有的认知结构中去，从而产生理解。他认为，学生在学习过程中掌握多少知识并不是最重要的，最重要的是怎样使学生有效地获取知识。他说："教一个人某门学科知识不是要使他把一些结果记下来，而是要教他参与知识建立的过程……"布鲁纳十分提倡发现学习，他认为学习应是主动地去发现知识而不是被动地接受知识。所谓发现学习，就是自行寻找事物。布鲁纳指出：发现不限于寻求人类尚未知晓的事物，确切地说，它包括用自己的头脑亲自获得知识的一切方法。发现乃是一个人按自己的方式而不是按照书本的样子把获知的事物组织起来的一种活动。在教学实际中的发现学习就是由教师创建问题情境，使学生在这一情境中发现问题，积极思考，明确问题，提出问题的解决方案，解决问题，由学生自行发现规律、原理。

第二节　高中数学"探究式学习模式"的核心概念界定

一、什么是"学习方式"

学习方式是指学生学习时在"自主性、探究性和合作性"方面的基本特征。

二、什么是"探究式学习"

探究式学习，广义地理解，泛指学生主动探究问题的学习；在本书中，主要是指在教师指导下，学生以类似于科学研究的方式去获取知识、应用知识、解决问题。它是与接受式学习相对的。探究，是要学会思考，在问题解决之后再探求一些新的方法，学会从不同角度去思考问题，甚至改变条件或结论去发现新问题，经过一段时间的学习，应当将自己的思路整理一下，以形成自己的思维规律。

三、"传统式学习模式"与"探究式学习模式"的区别（表1-2-1）

表1-2-1

比较方面	"传统式学习模式"	"探究式学习模式"
学习方式	被动接受学习	主动探究学习
师生地位	教师是主导，学生是主体	师生"双主体"

比较方面	"传统式学习模式"	"探究式学习模式"
课堂原则	权威性、严肃性	鼓励性、平等性、启发性、有效性、全面性
课堂环节	确定课题、教师讲解、学生练习、教师点评	确定课题、自主探究、合作交流、总结评价

第三节 高中数学"探究式学习模式"的研究内容与方法

一、研究内容

（1）通过问卷调查，分析当前我校中学生学习方式的现状，并根据我校学情形成指导下一阶段要验证的"探究式学习模式"的理论预设。

（2）实验验证是本课题研究的核心内容。通过实验来验证"探究式学习模式"对提高高中学生数学学习成绩的意义，这主要是以各种类型的考试成绩作为衡量依据。

（3）通过实验验证，最终形成适合我校的"探究式学习模式"。这个模式主要解决以下几个问题：数学课堂中如何开展探究式学习？开展探究式学习的过程中应该注意些什么？怎样设计探究式学习活动方案？高中数学中的哪些内容适合让学生开展探究活动？"探究式学习模式"的策略、步骤或方案是什么？等等。

二、研究目标

（1）第一阶段的目标是理论假设，根据已有的文献资料了解"探究式学习模式"在我国的发展现状，对"探究式学习模式"的方法、步骤等做出理论预设，设计出要进行实验验证的"探究式学习模式"的基本模型。

（2）第二阶段的目标是对第一阶段预设的模式进行实验验证，解决高中数学"探究式学习模式"的"建模"问题，并通过全程质量跟踪机制验证"探究式学习模式"对高中数学学习的可行性,证明该模式能有效提高学生学习数学的兴趣、提高学生的数学学业水平成绩。

(3)第三阶段的目标是总结、完善、提炼与升华"探究式学习模式",并整理成书,为进一步推广做准备。本课题依托学校"问题导学"课堂改革,在课改实验班进行"探究式学习模式"的实验,13年下来形成了一套完整的"探究式学习模式"的导学案模板,为以后在全校、全区、全市的推广奠定了坚实的基础。

三、研究方法

(一)本课题研究主要采取实验研究法和行动研究法

本课题研究注重实验教师与研究人员的结合,确保进行教学实验的主要教师就是实验的设计者和研究人员,形成"教师即研究者"的特色,以便对实验过程有较好的控制。学生通过小组成员间的互相合作,依据观察和行动的记录,通过有计划的干预,在动态环境下立即或在较短时间内显示出其在实际工作中的作用和效能。每一个研究进程都有相应的目标、计划、监控、评价机制(如通过日常观察、问卷调查、谈话、个案研究等手段),并不断地将反馈信息作为系统调整的依据。

(二)本课题研究同时采用文献法、调查法、实验法、观察法、个案分析法等,对实验数据做好积累和处理,并做归因分析等

从实验角度来看,某些具体的验证性实验处理一般采用目前比较流行的单组实验设计和组别比较实验设计,确保了实验过程的科学性。在实验过程中,我们对实验步骤进行跟踪,严格控制变量,对影响变量的因素进行归因分析,一般采用前测、后测对照的方法。但是为了进一步确保实验的科学性,对于一些无法单纯用定量进行分析的指标(如学习兴趣、学习行为、学习思维方式等),项目组将制定科学的评价量表,对实验数据进行定量与定性相结合的研究分析。下面以数学学科验证实验为例,说明对比组教学实验采用的设计的科学性。(表1-3-1)

表 1 - 3 - 1

步骤	内容
一	研究假设：在高二数学课堂教学中实行"探究式学习模式"，将使学生形成良好的学习兴趣、学习行为、学习思维方式，并对学业成绩产生积极的影响
二	处理1：一个教师在一个实验班按"探究式学习模式"进行教学活动（一个学期）。 处理2：同一个教师在另一个对照班按传统教学模式进行教学（一个学期）
三	样本大小：20个班，其中10个班作为实验班，10个班作为对照班。 取样方法：从高二年级自然教学班中指派10个自然班为实验班，其余自然班为对照班。 实验单位：每一个独立的学生
四	因变量：学习兴趣、学习行为、学习思维方式、学业水平成绩。 因变量的操作定义： 1. 高二年级学生数学学习兴趣问卷测试题。 2. 高二学生课堂合作与交往行为观察项目。 3. 学生学习思维方式问卷测试题。 4. 课程学业水平测试题
五	采用的控制方法： 1. 随机指派实验班、对照班，使其初始水平保持均衡。 2. 实验班采用"探究式学习模式"进行教学，对照班采用传统的教学模式进行教学。 3. 由几位教师同时进行教学实验。 4. 教学时数相同。 5. 采用同样的后测
六	实验设计：等组后测设计。 统计假设：两个处理组得到的平均数之间的差异没有显著意义

四、技术路线

本研究过程是综合多种理论和方法的动态过程。在理论层面，我们将综合运用多种理论成果,包括建构主义理论、心理学理论、教育学理论、生理学理论等,从理论层面分析学生数学学习方面出现障碍的原因。这一环节很重要,它在很大程度上决定了我们的研究是否有科学依据和目标,也决定了我们的研究能否成功,或者在多大程度上能够取得预期的效果。在实践层面,我们在理论分析的过程中,要设计出克服这种障碍的构想,并设计出具体行动方案,而这种行动方案的落实关键要靠课堂教学,其次要靠课外个别辅导。课堂教学是教师实现教学目标的载体,是教师激发学生数学学习兴趣、提高学习成绩的最主要的载体,也是教师落实自己的设计方案的主要平台。

本研究过程是验证、继承和创新相结合的过程。从验证层面来讲,本研究是对前人理论假设和教学成果的验证,也是对自身多年教学经验、教学设计和成果的验证,这种验证对教学而言很重要。从创新角度来讲,本研究在增城中学数学教学环境中,挖掘各种有利因素,提高学生成绩,创新教学模式,取得经验。研究成果具有可操作性和推广意义,作为一所全国示范性高中,其对高中数学"探究式学习模式"的成功探索将会对整个增城乃至广州地区产生影响和辐射作用。

第四节　高中数学"探究式学习模式"的
国内外相关研究综述

一、国外探究式学习现状

　　最早提出在学校科学教育中运用探究方法的是杜威。1909 年前，大多数教育者认为科学教育的方法主要是通过直接教学让学生学习大量的科学知识、概念和原理。1909 年，杜威在美国科学促进会的发言中第一次对这种方法提出批评。他说，科学教学过于强调信息的积累，而对科学作为一种思考的方式和态度没有予以足够的重视。杜威认为，科学教育不仅仅要让学生学习大量的知识，更重要的是让学生学习科学研究的过程或方法。从 1950 年到 1960 年，探究作为一种教学方法的合理性变得越来越明确。教育家施瓦布指出："如果要学生学习科学的方法，那么有什么学习方法比通过积极地投入到探究的过程中去更好呢？"这句话对科学教育中的探究式学习产生了深远的影响。施瓦布认为，教师应该用探究的方式展现科学知识，学生应该用探究的方式学习科学内容。为实现这些改变，施瓦布建议科学教师首先到实验室去，引导学生体验科学实验的过程，而不是在教室里照本宣科地教授科学。这就是说，在向学生介绍正规的科学概念和原理之前应该先让他们到实验室里做实验，用实验的数据来解释和深化教材中的内容。20 世纪 90 年代以来，世界各国都在努力探究学习方式的转变。欧美诸国纷纷倡导"主题探究"与"设计教学"活动。在美国国家科学教育标准中，探究也指学习过程，它是一种积极的学习过程——"学生去做的事，而不是为他们做好的事"。换句话说，就是让学生自己思考怎么做，甚至做什么,而不是让学生接受教师思考好的现成的结论。日本在新课程体系中专设"综合性学习时间";我国台湾非常强调培养学生的"主动探究和研究精神"以及解决问题的能力;我国香港确立的基本学习理念是"终身学习,全人发展",贯穿这一基本理念的核心是以"学会学习"为总目标。

二、国内课程改革的现状

"探究式学习模式"在我国还处于初步探索阶段,它所需要的教育环境、条件,特别是对教师观念转变、理解水平的要求等,不是课程标准本身就能解决得了的,由此引发了一系列的困惑、疑虑、担忧。当前,急需的工作就是对有关的理论和实践问题进行梳理,对一些牵涉教学实施的重大问题进行思考、做出回答,以保证课程改革的实效性。

国内关于探究式学习的理论探索从 20 世纪八九十年代就开始了,比较有代表性的成果有:

(1)《中国高等教育》杂志主编张笛梅教授 1998 年 12 月在论文《学习科学必将成为 21 世纪的热门学科》中指出:只有创造性地学习,才有望产生学习后的创造。

(2)南京师范大学吴也显教授的《从维持性学习走向自主创新性学习之路》一文从学法指导方面强调学生的参与性、选择性、创造性、探究式、自我调控性。

进入 21 世纪以来,国内教育工作者(包括中学一线教师)开始自觉地探索如何培养学生的探究式学习能力,进行了一定的研究,也发表了不少相关论文,如喻平的《数学问题解决认知模式及教学理论研究》,刘静的《浅谈探究式学习的实施过程及意义》,杨兆民、张璐的《谈探究式学习中对学生素质的培养》,林森的《探究式学习:还给学生自主建构知识的权力》,王志海的《高中数学自主探究式学习模式的研究》,罗淑娴的《新课程理念下的创新教育与数学教学》,王源的《探究式学习与学生多元智能理论的开发》[国家教师科研基金"十一五"成果集(中国名校卷)(五)],陈化锋的《对探究式学习的思考》，戴飞的《探究式学习对教师的要求》；相关的书籍有蔡旺庆的《探究式教学的理论、实践与案例》、徐学福的《探究学习教学模式》、罗碎海的《数学探究与欣赏》等。这些研究在相关理论的指导下从实践角度进行了有益的探索，但是这些研究和论文或书籍还需要进一步的科学验证与不同地区的教学实践验证。

本课题在已有研究的基础上对高中数学课堂教学中的"探究式学习模式"进行实验研究，既符合当前国内学习方式转变的发展趋势，也符合我校进行新一轮课改的总目标。

第五节 高中数学"探究式学习模式"的研究成效分析

一、学生发展方面

在研究的过程中，最明显的效果是学生学会了主动探究问题和解决问题的一般方法，养成了探究式学习的习惯，对知识的获取不再是被动地接受教师的东西，而是主动探究。本课题组的实验对象经过"探究式学习模式"的课堂改革的教学，取得了很好的效果，学业成绩显著提高。2008—2012 年，本课题组的第一批实验对象在经过"探究式学习模式"的实验后，取得了很好的效果，学业成绩显著提高。在 2008 年高二广州市学业水平测试中，笔者所带班级数学平均分为 125.4 分，在我校平行班中排名第三（比广州市 A 组学校平均分高出 10.1 分），最高分 140 分［我校平均分 112.2 分，在 A 组学校中排名第三（最高分 142 分）］；在 2008 年高二期末五校联考（秀全中学、从化中学、增城中学、协和中学、东莞实验中学）中，笔者所带班级合格率、优秀率、平均分（106.7 分）在本校文科班中排名第一，并获得文科数学第一、二、三名；在 2009 年高考中，笔者所带班级合格率、优秀率、平均分（113.64 分）在增城市文科数学中均排名第一（我校平均分 103.6 分），并囊括增城市文科数学前三名（全市前 10 名中有 9 人是本班学生），周睿以 139 分（广州市文科数学最高分 144 分）获得增城市文科数学单科状元，所带班级数学共有 7 人成绩在 130 分以上（增城市共 8 人在 130 分以上），28 人成绩在 120 分以上，为增城市与广州市的高考数学取得好的成绩做出了应有的贡献。2013—2017 年，在经过"探究式学习模式"的第一轮实验研究后，该模式已经基本形成，进入正式实验阶段。在 2016 年 7 月增城区期末数学统考中，本课题组的第二批实验对象以平均分高于第二名 28.5 分的成绩创历史最佳水平。在 2016 年广州市高二数学学业水平测试中得 A 率达到 33.8%，是近几年来我校的最高水平。在 2017 年 4 月举行的广州市高二数学竞赛中我校同样取得了优异成绩，共有 32 人获奖，其中一等奖 3 人，二等奖 10 人，三等奖 19 人，是近几年来我校取得的最佳水平，尤其是一等奖有 3 人，打破了近几年来增城区无一等奖的局面，其中课题负责人所带课题实验班分别获一等奖、二等奖、三等奖各 1 人。2017—2021 年，在经过两轮实验研究的不断完善与提炼后，"探究式学习模式"已经趋于成熟，可操作性强，进入最后的全面实践与推广阶段。笔者 2017 年度所带高三（7）班在广州二模中平均分排名第一，进步值排名第二，在 2018 年高考中取得优异成绩；2018 年所带高二（15）班在期末统考中平均分、进步值都排名第一；2019 年所带高三（15）班在高三大考中平均分都排名前三，进步值排名第一，在 2020 年高考中取得优异成绩；2021 年所带高三（7）（8）班在 2021 年高考中成绩优异，团队超额完成任务。通过前后三轮课堂实践，证明了该模式的可行性和价值性。

二、教师专业发展方面

在研究成果形成的过程中，课题组成员通过开展大量的文献学习与研讨，进行课例实践检验，既提高了理论水平，又树立了课堂教学自信。在课题实施研究期间，课题组组长组织课题成员集中进行了多次理论学习，提高了课题组成员的科研能力。同时，在课题研究期间，课题组组长指导课题组核心成员成功申报市、区、校各级相关课题作为本课题的子课题进行研究。针对高中阶段学生学习比较困难的"解析几何"模块进行了更深入的研究，其中课题第二负责人邓城的课题"'超级画板'支持下高中数学解析几何教学的研究"成功申报为广州市"十二五"规划课题，课题第三负责人李雷的课题"问题导学模式下 GeoGebra 辅助高中数学解析几何教学的研究与实践"成功申报为教育部数字化学习"十三五"规划课题的子课题，李雷的课题《基于 BYOD 的 GeoGebra 辅助高中数学解析几何教学的研究与实践》成功申报为增城区"十三五"规划课题。针对"合作探究"这一环节中如何提高小组合作学习效率的问题，课题组成员黄娜申报了增城中学校级课题"'问题导学'课型中提高小组合作学习效率的研究"，获成果三等奖。针对探究过程中"问题设计"这一环节，课题第二负责人邓城申报了增城中学校级课题"'问题导学'模式下数学问题的设计研究"，获成果一等奖。针对"探究式学习模式"中如何培养学生的数学思维能力，课题第三负责人李雷申报了增城中学校级课题"'问题导学'模式下学生数学思维能力培养的研究"，获成果二等奖。课题组前几位主要成员在课题研究期间个人专业能力都有很大的提升。课题组主要成员肖海英、邓城、黄娜因教学业绩突出荣获增城中学 2015 年度教学业绩优胜奖；邓城、肖辉荣获增城中学 2014 年度教学业绩优胜奖。2015 年 12 月课题组所在备课组所带学生在 2015 年高考中成绩突出，荣获广州市 2015 届高考突出贡献奖。在 2018 年 6 月的全国高考中，课题组所在备课组所带学生在高考中成绩突出，课题组组长带领的高三备课组被评为学校优秀备课组，其中课题组成员钟康生老师所带学生刘洋以总分 685 分、数学单科 148 分的高分被清华大学录取，其数学成绩是近几十年来我校取得的数学单科最高分。课题研究期间，课题组成员因教学业绩突出共有 14 人次获学校教学业绩优胜奖。在 2021 年 6 月的全国高考中，笔者所带团队数学成绩优秀，团队超额完成学校预定的各项任务。肖海英、黄娜分别获 2015 年、2016 年广州市增城区优秀教师称号。2015 年 12 月，邓城被评为"增城区第七届中小学教学能手"。在 2016 年广州市"卡西欧杯"中学数学青年教师教学设计比赛中，邓城、黄娜、钟康生荣获高中组三等奖；在 2015 年增城区高中数学教师讲题比赛中，邓城、黄娜荣获一等奖，钟康生荣获三等奖；在 2016 年增城区高中教师解题比赛中，肖海英、钟康生、黄娜被评为"数学学科解题能手"。2017 年，肖海英被认定为增城区骨干教师，同时被认定为广州市中学数学名教师并主持广州市肖海英名师工作室工作；2018 年，黄娜、邓城、钟康生、李雷分别获广州市、增城区两级骨干教师称号；2021 年，肖辉获广州市骨干教师称号，肖海英被授予增城区"劳动模范"称号。

三、学校发展方面

在成果推广运用中，课题组成员除主动落实课程外，还带动了其他班级教师模仿教学，促进了学科发展，提高了教师的科研认识与科研自信，近几年来，我校多位教师主动向各级科研部门申报课题并得到立项。笔者通过名师工作室的辐射作用，多次在全区开展"探究式学习模式"的有关讲座，积极进行课题成果推广，多次在兄弟学校进行"探究式学习模式"的公开示范课，走出去，请进来，带动其余兄弟学校采用"探究式学习模式"。

四、研究成果产生的影响

课题组成员定期开展研讨和成果推广活动，采取边研究边推广的做法，及时验证研究成果的可行性。一是把课题研究与常规教学、教研结合起来，在日常工作中开展研究。课题组成员多次在全区教研时向全区教师展示"探究式学习模式"的示范课，课题研究成果丰富、质量较好。二是定期开展专题研讨活动，对各种活动类型的课型设计进行集中研讨与反思，形成了一批优秀的教学设计、教学录像和微课等成课。课题组组长在课题研究期间（2014—2017 年）前往江苏南通一中、珠海一中、中山一中、广州二中、广州四十七中、广州八十中等全国有名的学校学习参观，并与南通一中的教师展开"同课异构"活动，把"探究式学习模式"在全国进行交流与推广。课题组组长作为广州市中心组成员，负责组织与主持广州教研增城区的教研活动，多次在全区教研中做中心发言，将"探究式学习模式"理念在全区进行交流与推广。课题组在 2016 年 6 月进行了第一次阶段性成果评比与奖励。2015 年 1 月在我校"问题导学"课改论文评比中，课题组成员肖海英、邓城分别获二等奖、三等奖；2016 年 1 月在我校"问题导学"教学模式课改论文评比中，课题组成员肖海英、邓城、李雷分别获一等奖、二等奖、二等奖；2017 年 4 月在我校"问题导学"高效教学样板课大赛中，课题组成员肖辉、黄娜获得一等奖；课题第三负责人李雷的微课《正弦定理》获 2016 年增城区多媒体教育软件微课一等奖，获我校 2016 年微课优秀课例评比一等奖；课题组成员钟康生的微课《高考中函数与数列不等式的证明》获 2015 年第三届广州微课比赛三等奖；2015 年 6 月，课题组成员肖辉的微课《裂项法求和》在我校微课优秀课例评比中获二等奖；2016 年 12 月课题组成员邓城的微课《一类三视图的解题策略》、肖辉的微课《正弦定理的应用》、钟康生的微课《抛物线的焦点弦性质》在我校 2016 年微课优秀课例评比中分别获一等奖、二等奖、三等奖。课题研究期间（2014—2017 年），课题组成员在教学业绩、论文、课题、微课等各个方面都取得了很好的成绩，在学校形成了一定的影响，起到了很好的积极示范作用。三是利用课题组组长广州市名师工作室主持人的身份，加大对课题的宣传与推广。课题研究期间（2017—2019 年）组织课题组成员以同课异构、送教下乡、专题讲座等多种活动形式在增城几所学校共进行了 5 次大型的课题宣传推广活动并在增城日报教育周刊进行了专项报道，在全区范围内宣传与推广"探究式学习模式"，起到了示范作用，得到了区教研员与其余兄弟学校教师的一致好评。课题研究期间（2017—2019 年）课题组组长曾前往杭州三中、浙大附中、江门一中、东莞一中、惠州一中等全国有名的学校学习与交流。课题组组长在广东省骨干教师高端研修班中两次承办公开示范课，给广州市骨干教师培训班成员展示"探究式学习模式"，把"探究式学习模式"在全省与全市进行交流与推广。四是进行阶段性成果奖励，激发课题组成员的研究热情。课题组在 2018 年 6 月进行了课题成果与教学设计评比与奖励。其中课题组成员教学成果获增城区第七届教学成果奖 4 项次/7 人次，论文获国家级奖 1 项次、市级奖 2 项次、区级奖 2 项次；课例获省级奖励 1 项次，广州市级奖励 2 项次，区级奖励 4 项次；教学设计获国家级奖励 1 项次，校级奖励 2 项次；获学校教学业绩优胜奖 14 人次；6 人次被评为竞赛优秀辅导教师。

高中数学
"探究式学习模式"的
理论基础

第二章

第一节　建构主义理论

认知学派的代表人物皮亚杰从建构论的观点出发，认为认知的建立不是外界客体的简单复写，也不是主体内部预先形成的结构的展开，而是一个由主体与外部世界不断相互作用而逐渐形成的结构的集合，也就是主动建构的过程。建构主义教学观应该是建议式的、开放文本式的，是源于生活实践的对学习的思考。

建构主义学习理论的代表人物是美国心理学家和教育家布鲁纳。布鲁纳认为，学习包括三个同时进行的过程：习得新信息、转换和评价。因此，在学习活动中，学生不应该是被动的接受者，而应该是积极的信息加工者和对过程、结果的评判者、参与者。他认为，智慧生长的主要目的是为学生提供一个现实世界模式，让学生可以借此模式解决生活中所有的问题。

建构主义学习理论的基本观点是：学习是学习者在自己原有经验、知识、概念、技能、信仰、习惯等的基础上所进行的主动的、积极的意义建构过程。建构主义学习过程应包含两个方面的建构：一是对新知识的意义建构，二是对原有知识、经验的改造与重组。它强调学习者在学习过程中的自主建构、自主探究和自主发现，并要求将这种自主学习与基于情境的合作学习和基于问题解决的研究性学习结合起来。因此，其有助于学习者的创新意识、创新思维、创新能力和合作精神的培养。建构主义"学习环境理论"认为，学习者的知识是在一定情境下，借助他人的帮助，如人与人之间的协作、交流，利用必要的信息等，通过意义的建构而获得的。理想的学习环境应当包括情境、协作、交流和意义建构四个部分。

建构主义学习理论提倡在教师的指导下,以学习者为中心的学习。它既强调学生的主体作用,又重视教师的指导作用,教师是学生意义建构的帮助者、促进者和引导者,而不是知识的传授者、灌输者和权威者。明确了教师与学生的这种"双主体"的地位关系,有助于在教学过程中更好地处理教师与学生的关系,更好地开展有效又有针对性的教学活动。

第二节　自主学习理论

研究者的理论立场、研究方向和手段不同，对自主学习概念的理解也会不同，主要有以下三种观点：

第一种观点认为自主学习是一种学习模式或学习方式。例如，余文森等认为自主学习是指学生自己主宰自己的学习，是与他主学习相对立的一种学习方式。程晓堂认为自主学习有以下三个方面的含义：一是自主学习是学习者的态度、能力和学习策略等因素综合而成的一种主导学习的内在机制，就是学习者指导和控制自己学习的能力；二是自主学习是学习者对自己的学习目标、学习内容、学习方法以及使用学习材料的控制权，也就是学习者对这些方面的自由选择的程度；三是自主学习是一种模式，即学习者在总体教育目标的宏观调控下，在教师的指导下，根据自身条件和需要制定并完成具体学习目标的学习模式。

第二种观点认为自主学习是一种主动的、建构性的学习，学生自己确立学习目标，监视、调控由目标和情境特征引导和约束的认知、动机和行为。持此观点的人把自主学习定义为一种自我调节的学习过程。自我调节学习是指学习者为了保证学习的成功、提高学习的效果、达到学习的目标，主动调控元认知、动机与行为的过程。自我调节的学习者在获得知识的过程中能自己确定学习目标、选择学习方法、监控学习过程、评价学习结果。

第三种观点主张从纵向和横向两个维度来定义自主学习。从横向维度来定义，自主学习的动机是自我驱动的、内容是自我选择的、策略是自我调节的、时间是自我管理的，其是学生能主动营造有利于学习的物质环境和社会环境，并能对学习结果做出自我判断和评价的学习；从纵向维度来定义，自主学习是学习者能自定学习目标、自订学习计划、做好学习准备，在学习活动中能够对学习进度、学习方法自我监控、自我反馈、自我调节，对学习结果能进行自我检查、自我总结、自我评价和自我补救的学习。

以上三种观点尽管对自主学习的定义有所不同，但其本质含义是一致的。一般认为，自主学习既可以理解为由学生自己决定学习内容、学习方法、学习强度、学习结果评价的方式，也可以理解为学生能够指导、控制、调节自己的学习行为与习惯。

自主性是自主学习的本质属性。学习的自主性具体表现在自立、自为、自律三个方面，这三个方面也构成了自主学习的三大支柱。

第三节 "最近发展区"理论

　　"最近发展区"理论是由苏联著名心理学家维果茨基提出的。他根据一系列实验结果指出，儿童发展的任何时候都不是仅由成熟的部分决定的。他说至少可以确定儿童有两个发展的水平：第一个是现有的发展水平，表现为儿童能够独立地、自如地完成教师提出的智力任务；第二个是潜在的发展水平，即儿童还不能独立地完成任务，必须在教师的帮助下，在学习活动中，通过模仿和自己的努力才能完成的智力任务。这两个水平之间的区域则为"最近发展区"。研究这一理论对于进行新课程改革是非常有益的，也有利于教学面向全体学生，使学生各有所得。

　　维果茨基认为，"最近发展区"对智力发展和成功的进程，比现有水平有更直接的意义。只有走在儿童发展前面的教学，才是好的教学，因为它能使儿童的潜在发展水平不断提高。依据"最近发展区"的思想，其是教学发展的"最佳期限"，教学应该依据"最近发展区"理论进行。如果只根据儿童智力发展的现有水平来确定目的、任务和组织教学，就是寄希望于儿童发展的昨天，面向已经完成的发展进程。这样的教学，从发展意义上说是消极的，不会促进儿童的发展。教学过程只有建立在那些尚未成熟的心理机能上，才能产生潜在水平和现有水平之间的矛盾，而这种矛盾又可以引起儿童心理机能间的矛盾，激发儿童的潜力，从而推动儿童的发展。

　　我国的教育已经由应试教育向素质教育成功升级转型，教师依据"最近发展区"理论进行教学是非常必要的，这样才能使学生得到真正的发展。依据

"最近发展区"理论进行教学能增强学生对学习的兴趣，使学生学有所乐，促进学生在日常点滴教学中提高学科素养。一线教师只有多研究学生的"最近发展区"，在课堂教学中才能采取符合学生实际情况的教学方法，因材施教，让所有学生各有发展，这样才能适应新课程改革的核心要求——培养学生的实践能力、创新精神和学科核心素养。

第四节 "问题导学课堂"理论

"问题导学课堂"理论的核心概念主要有三个：问题、导、学。

什么是"问题"？"问题导学课堂"理论中的"问题"指的是课堂教学中师生共同发现、生成的有教学价值的、适切的、有发展梯度的、需要研究讨论并加以解决的矛盾、疑难。

什么是"导"？"问题导学课堂"理论中的"导"就是基于"导"之本字之意与引申之意而形成的课堂教学行为。其主要有两个层面：一是"指导、引领"，二是"督导、促进"。

也就是说，在课堂教学中，我们可以将学生在学习过程中遇到的问题理解为学生学习行进到了一个路口，需要得到他人，包括教师和同伴的引领才能找到学习行进的方向，这种无论来自教师还是学习同伴的引领就是"导"。当然，从师生角色认知和教学分工的角度来说，教师是主导；与此同时，在学习过程中，优良的学习品质还有待培育，发展中的学习主体不仅需要高度的自我约束、自我克制、自我完善，更需要来自教师的学习动力激发、学习兴趣培养、学习纪律约束、学习进程调控、学习效果检测，以及学习同伴之间的显性激励和隐性刺激。这种来自教师和同伴的学习促进和监督也是"导"学行为的主要内涵。

基于以上两个层面的理解，在"问题导学课堂"理论中，"导"不只是指导、引领，更有督导、促进之意；也不只有"生学师导"，还有"生生互导"甚至"师生相导"。教师不只是学生的"教"之师，更是"导"之师；不只是教导学生学什么、怎么学和教出一个怎样的结果，更是引导学生选择学习方向和学习路径，导向学生各自可能且能够达成的学习目标；也不只是训导学生在学习过程中规则意识和习惯的养成，更是督导、促进学习过程中的每一种学习状态的积极情感态度和正确价值观念的形成。

什么是"学"？在"问题导学课堂"理论中，"学"不仅指阅读、听讲、笔记、观察、思考、研究、分析、理解、互助、交流、共享、探索、实验、运用等获得知识技能和能力的行为方式，也指通过上述行为方式参与学习、获得学习体验的过程，还包括使自身的知识与技能，方法与过程，情感、态度与价值观得到持续改善和升华的活动形式。

"问题导学课堂"理论中"学"的行为方式贯穿于整个课堂教学过程中学生的问题发现与生成、讨论与分析、探究与解决、过程合作与互助、结果反馈与交流、反思巩固与能力生成等一系列教学环节。这其中既有个体独立自主的"学"，也有团队互助合作的"学"；既有"师授生受"的"学"，也有"生学师导"的"学"，更有师生共同探究的"共学"；既有个体与个体之间的质疑问难，也有团队与团队之间的比学赶帮；既有生生之间的"你响我应"，更有师生之间的"你启我发"。所以，"问题导学"视阈下的"学"的行为方式不是单一的、线性的、孤独的"学"，而是自主与合作交织的、师生平等互助的、多种"学"法共享的立体之"学"。

第五节　高效课堂理论

一、高效课堂的意义

高效课堂，顾名思义，是指教育教学效率或效果有相当高的目标达成的课堂，具体而言，是指在有效课堂的基础上，完成教学任务和达成教学目标的效率较高、效果较好，并且取得教育教学的较大影响力和较高社会效益的课堂。高效课堂是有效课堂的最高境界，高效课堂基于高效教学。

高效课堂的核心含义是：教学活动能够促进学生学习活动的发生，能够利用一些操作性、细节性的教学策略帮助学生并给学生的学业表现带来积极的变化，能够有效地服务学生学习，促进学生认知结构的建构与重构。可见，高效课堂强调的关键词是"促学"，强调的是教师课堂教学对学生学习效果的助推与提升功能。另外，高效课堂需要优化教师的教学设计与组织进程，它是教师创建高效课堂的抓手。因此，高效课堂是一种低耗、生态、可持续、可增值的优质课堂形态。"三效"（效果、效率、效益）是高效课堂的基础，内在组织结构合理、教学成本消耗较低、教学效果相对卓越才是高效课堂的重要标志。

二、高效课堂的本质特征

（一）以尊重学生为根本，突出课堂的主体性

高效课堂应当在学生身上出彩。相信学生、解放学生、依靠学生、发展学生是高效课堂的灵魂和精髓。课堂最宝贵的教学资源是学生，高效课堂应该首

先做到"立人",这就需要变传统课堂行为中的"唯教"为"唯学",变传统师生关系中的"唯师"为"唯生"。发展学生是教育的根本,既是教育的出发点,也是教育的归宿,让学生尝试用自己的语言去概括、表达观点,着力培养学生的实践能力、创新精神,让学生一生能"留得住""用得上",使之成为学生终身发展的不竭动力。

(二)以问题解决为导向,体现课堂的目的性

从心理学角度看,问题解决就是由一系列目标性较强的活动组成的心理行为过程。

因此,问题解决具有明确的目标,具有很强的指向性,它不仅关注问题解决的整个过程和步骤,而且强调对解决问题的方式、方法的掌握和领会。问题解决与求解题目是两个不同的概念。高效课堂上问题解决的过程应该是学生自主探究、合作交流的过程,是克服一个个困难、集小成为大成的过程,也应该是经历一次次快乐、集小乐为大乐的过程。高效课堂上问题解决的思想、方法和路径往往来自学生个体或小组合作。

(三)以关注学情为基础,注重课堂的时效性

何种情况下,学生学得最好?当学生有兴趣时,他们学得最好;身心处于最佳状态时,他们学得最好;教学内容能够用多种形式来呈现时,他们学得最好;遭遇到理智的挑战时,他们学得最好;发现知识的个人意义时,他们学得最好;能自由参与探索与创新时,他们学得最好;被鼓舞和信任做重要事情时,他们学得最好;有更高的自我期待时,他们学得最好;能够学以致用时,他们学得最好;对教师充满信任和热爱时,他们学得最好。

(四)以思维训练为重点,强化课堂的生长性

课堂上应该让学生讨论、争论、辩论,让学生经历思维碰撞,以提升认知水平。

(五)以教师引导为主线,重视课堂的主导性

教师的教学行为是否高效可以从以下五个方面来衡量:一是教师的教学行

为是否明确；二是教师的教学方法是否灵活、多样，调动学生学习积极性的手段是否有效；三是教师在课堂上的所有活动是否是围绕教学的任务而进行的；四是教师的课堂教学对学生能否启而得法，让学生在原有知识结构上产生学习的新需要；五是教师能否及时掌握学生的学习状况和课堂中出现的问题，并能据此调整自己的教学节奏和教学行为。

教师引导必须把握好大方向：一是要有恰当的问题核心（课堂教学重点和教学目标明晰），二是要有恰当的问题表述（研究的问题与其他问题的逻辑关系必须理清），三是要有恰当的问题情境。

三、高效课堂的基本形态

高效课堂的基本形态有绿色、生态、简明、生本，其中降低教学能耗与提升课堂教学效能是高效课堂形态的"两条腿"，二者之间有一种相辅相成的关系。只有消除课堂教学的冗余环节、垃圾内容，减少形式主义和课堂表演成分，减少教师在那些次要的无关教学活动环节上的时间投入，从而直接指向课堂教学活动的核心环节，增加学生在课堂中的有效学习时间，提高时间的利用率，才能高效实现学习目标。同时，要创建高效课堂，教师应积极开发四类课堂形态。

（一）绿色课堂

绿色课堂表现为教学垃圾少，有效活动时间长，它是"无水分教学的课堂"，从而克服了非核心知识教学比重过大以及教学活动偏离主题和主线的现象。只有这种课堂形态才具有持续衍生的效力。

（二）生态课堂

生态课堂就是可以循环的课堂，是一种"学生上了以后还想上的课堂"，它表现为教学内容适合学生的"最近发展区"，具有针对性，是对学生具有超常磁性的课堂。

（三）简明课堂

简明课堂就是教学主线、脉络清晰的课堂，是有助于"教"和"学"的课堂，它能"清理"课堂垃圾，净化课堂机体，提高课堂教学的清晰度和简洁度，使整个课堂教学的主题与主线一目了然。

（四）生本课堂

生本课堂就是以生为本、以学定教、师生平等、共同探究的课堂，这是一种充分尊重学生的主体地位、学习权利、学习需求的课堂。它的出发点是为学生自主学习、合作学习以及探究学习留下足够的时间与空间，把学习活动的权利赋予学生。它是实现高效课堂的必由之路。

高中数学"探究式学习模式"的模式建构

第三章

第一节　关于"模式"的理解

说起"教学模式",相比 10 多年前,现在大多数教师顿生或是"宁死不屈"的不愿之情,或是"畏首畏尾"的不敢之态,抑或是"嗤之以鼻"的不屑之意,尤其是那些经历过某种浮光掠影式的教学模式变革而又回归传统教学老路的利益既得者。其心态有些复杂,而其口头理由不外乎"常言道"的"教无定法"和源自《论语》的"因材施教"。其实,稍微探究一下,我们不难发现这两个抗拒、排斥"模式"的"借口"的理解片面性和断章取义所在。

"教无定法"前有"教学有法",后由"贵在得法",也就是完整的说法应该是"教学有法,教无定法,贵在得法"。这三"法"虽然指向的侧重点各有不同,但都包含着教育教学活动的法则、方法和模式。"教学有法"是指我们的教育教学活动是有一定的规律可循的,有一定的法则和模式,有一定的基本方法;"教无定法"指的是教学的模式、方法、技能等不是机械的、教条的,而是灵活多变的、富有个性的、充满灵性的;"贵在得法"是我们教育教学活动的灵魂,是指教师在具体的教学情境中运用法则、方法和模式的适当适宜、恰如其分、灵活巧妙。

而以"因材施教"为理由就更是牵强附会了。因材施教是一条我们自古以来教育实践中重要的教学方法和教学原则,它所强调的是学生的差异化教育,是指教师在教学中根据学生学习的基础差异、能力差异、志趣差异、动机差异、性情差异甚至是性别差异,选择适合不同学生的教学方法,有的放矢地进行有差别的教学,使每个学生都能扬长避短,获得最佳发展。这其中涉及教学之法,也包括教学模式的选择和应用,但绝不是因为要"因材",所以就排除有"模式"的"施教",好像非要来一个"一生一案""一生一法"似的。

仔细分析原委,其实还是我们对"教学模式"认知的模糊性、偏见性和误解性造成的对必须面对的未知的一种恐惧、排斥和拒绝。面对一种需要重新认知的,不了解甚至可能无法掌握的,也许会损害我们现有的教学成果和利益的教学方法和手段,作为有自己独立主见,已经形成教学行为习惯甚至教学风格,在群体中已经获取到自己位置的一些教师,有些是坐享其成,不愿去接受,有些是缺乏勇气,不敢去选择,有些是固执己见,不屑去面对。

所以,我们有必要对"教学模式"有一个相对准确、清晰、辩证的理解。

"模式"一词是英文 model 的汉译名词,model 还译为"模型""范例""典型"等。它将不能直接观察到的现象转化为较具体的东西以便于观察,试图说明整个结构或过程的主要构成要素之间的关系。对于教学活动这个复杂的系统,人们其实很难对其进行全面且直接的观察,更难在自然状态下把握其要素与关系,故而有了"教学模式"这一概念。"模式"的汉语语义阐释为"某种事物的标准形式或者是使人可以照着做的标准样式"。最先将"模式"一词引入教学领域,并加以系统研究的人,当推美国学者乔伊斯(Joyce)和威尔(Weil),他们于 1972 年合作出版的《教学模式》(*Models of Teaching*)一书被认为是教学模式理论研究开始的标志。该书对数学教学模式进行了系统分类研究和阐述,试图探讨教育目的、教学策略、课程设计和教材,设法考察一系列可以使教师行为模式化的各种可供选择的教学类型。迄今为止,他们的研究深度和广度仍居于领先地位。

那么,什么是教学模式?乔伊斯和威尔认为,教学模式是"一种可以用来设置课程(诸学科的长期教程)、设计教材材料、指导课堂或其他场合的教学的计划或类型"。国内学者从不同的角度对教学模式做出了不同的解释,如教学模式"是在一定的教学思想指导下围绕着教学活动中的某一主题,形成相对稳定的、系统化和理论化的教学范型"。从教学结构的角度讲,教学模式是"人们为了特定的认识目的对教学活动的结构所做的类比的、简化的、假定的表达"。几经发展完善，教学模式基本可以定义为：在一定教学思想或教学理论指导下，建立起来的具有一定指向性和操作性，较为完整稳定且具有灵活性的教学活动结构框架和活动程序。不管怎样定义，一般认为，教学模式主要包括以下基本成分。

一、理论依据

首先，教学模式的建构需要一定的教学思想或理论依据。理论依据是支撑教学模式的基石，是一定教学理论或教学思想的反映。它背后的教学思想是其深层内隐的灵魂和精髓，反映了教学模式的内在特征，决定了教学模式的方向，显示了它的独特性。教学模式与指导其建构的教学思想或理论依据是"水"与"源"、"木"与"本"的关系。没有教学思想或理论依据指导而空想臆造或凭经验总结出来的教学模式都是空中楼阁，都会因缺失思想理论的支撑而倒塌。尽管经过积累、沉淀、升华的教学经验有可能形成思想和理论，但经验的狭隘性和时限性往往经不起更大范围、更长时间的实践检验。因此，作为思想理论在实践中的反映，教学模式就是在一定思想理论指导下的教学行为规范。

二、教学目标

任何教学模式都会指向和要求完成一定的教学目标，在教学模式的结构中，教学目标处于核心地位，任何教学模式都是为达到特定的教学目标而设计的。在教学模式中，教学目标对其他因素有制约作用，是教学评价的标准。它决定着教学模式的操作程序和师生在教学活动中的组合关系。教学目标是学生通过教学活动所要达到的预期学习结果，是教育者对教学活动在学生身上产生什么样的结果和发挥多大的效用所做的预先估计。教学目标的实现程度以及人们对教学目标认识的发展可以作为反馈来帮助人们调整或重组结构，使教学模式日益完善。

三、操作程序

任何教学模式都有一套独特的操作程序，它能具体说明教学活动的逻辑步骤以及各步骤所要完成的任务，它是为了实现特定的教学目标而形成的，目的是安排好师生针对教学内容在时间序列上的实施——教学模式具有明显的时间性、顺序性和可操作性等特点。教学模式与教学目标的这种极强的内在统一性决定了模式操作程序的内在逻辑、程序因果和步骤序列，由此规划出了课堂教学中教师应该教什么、怎么教，学生应该学什么、怎么学；也规划出了师生先做什么、后做什么，每一个局部、环节、步骤应当完成哪些任务、如何完成任务、应该达成什么样的效果。

四、运用要求

教学模式只有在特定的条件下才能发挥效用。不同教学模式需要不同的支持系统，它是促使教学模式发挥效用，完成一定的教学目标所需的各种条件的最佳组合。在不同的教学内容和教学情境下，它可以为教师正确选择和运用合适的教学策略提供建议。实现条件包括教师、学生、教学内容、教学手段、教学的时空组合等。忽视实现条件，难免生搬硬套，达不到预期的教学目标。

教学模式具有一定的稳定性和灵活性。这种稳定性一方面源自指导教学模式建构的教学思想理论的稳定和教学模式的课型结构的稳定，另一方面源自模式在教学实践中呈现的有别于其他模式的显著特征的稳定。但是，稳定不是"固化"，更不是"僵化"，教学模式具有教学流程的动态性特征。在具体教学过程中进行操作的教学模式会因为不同学科的学科特征、不同课型的教学要求、不同师生的适应性、不同教学条件的选择，甚至会因为不同教师的课堂智慧等差异，导致其课型结构产生一些变动与改造，其教学活动、操作步骤和程序要求也会随之调整和变化，以便主动适应学科特点、教学内容、师生习性、教学条件等教学模式各要素的变化。这就是教学模式在相对稳定的基础上的灵活性。

教学模式是教学理论构想和教学实践的统一。一方面，教学模式来源于教学实践，是对某一类具体教学活动方式进行概括、提炼、加工、优化的结果，是为这一类教学实践所涉及的各种因素和它们之间的关系提供的一种具有内在逻辑关系的相对稳定的操作框架；另一方面，教学模式又是某种理论的简化表现方式，它通过简明扼要的象征性符号、图式和关系的解释来反映它所依据的教学理论的基本特征，使人们在头脑中形成一个比抽象理论具体得多，可在教学实践中模仿操作的教学活动程序；作为操作框架，它强调的是模式建构需要从宏观上把握教学活动整体及各因素之间内部的关系和功能；作为活动程序，则强调模式实施需要具备有序性和可操作性，并能够在实践中不断促进自身的优化重组。

其实，我们现在较为广泛应用于课堂教学的传统教学法也是一种教学模式。它强调的是以"教"为主，即以"教师为中心""教材为中心""课堂为中心"，它的最大优势在于能够充分发挥教师的主导作用，教师可以直接控制教学的整个过程，可以在单位时间内系统讲授基本理论和基本知识；学生可以在短时间内掌握较多的理论知识，获取大量的信息。其典型代表，也是影响我国基础教育最为深远的，是苏联教育家伊·安·凯洛夫的五环节教学。

凯洛夫师承赫尔巴特派，继承和发展了赫尔巴特的教育思想，在赫尔巴特提出的"传递—接受"型教学模式的基础上提出了五环节的课堂教学结构，即组织教学—温故知新—讲授新课—复习巩固—布置作业。凯洛夫的教育思想对我国基础教育的课堂教学影响深广，中华人民共和国成立初期，我国中小学各科教学都严格地执行五环节结构模式并一直沿用至今。从历史的角度看，它曾经发挥过积极的作用，就是在今天也不是一无是处；但是，从发展的角度看，这种被动接受式的教学模式已经落后，成为当前中小学全面深化教育改革、全面推进素质教育的主要障碍。

第二节　高中数学"探究式学习模式"概说

一、主动探究式学习与被动学习的区别

所谓主动探究式学习，是一种积极的学习过程，主要指的是学生在学习中自己探索问题的学习方式，是学生通过自主、独立的探究发现问题、实验、操作、调查、搜集与处理信息等探索活动，获得知识、技能、情感与态度的发展，特别是探索精神和创新能力的发展的一种学习方式和学习过程。主动探究式学习具有更强的问题性、实践性、参与性和开放性，主动探究式学习的基本特点可以概括为：

第一，学生学习主动性提高，能有兴趣、有信心、有责任感地探索和解决所学、所究的问题；

第二，学生通过亲自实践、探究获得知识和技能，学习效率提高。

被动参与的学习与主动探究式学习是相反的，其只是被动地接受、被动地参与。相信很多人都印象深刻，像目前很多培训就是纯粹填鸭式的"被学习"，流于形式，效果也不是很理想。学生如何变被动学习为主动探究式学习？主要从以下三个方面入手：

（1）提高自己对知识需要的迫切性。

（2）找准自己的位置。

（3）给自己定一个短期的目标。

二、高中数学"探究式学习模式"

高中数学"探究式学习模式"是指学生在教师创设的问题情境下，围绕某个问题，运用探究的方法主动获取知识和发现新问题、创新思维的一种学习模式，该模式的目的是不断培养学生探究、发现、解决数学问题和解决类似问题的能力。其中探究式学习过程包括观察分析数学事实，提出有意义的数学问题，猜测、探究适当的数学结论或规律并给出解释或证明。"探究式学习模式"是以培养学生终身学习能力为宗旨，以"问题发现""问题生成""问题解决"三个环节为主线，以"自主合作探究学习"为主要途径，最终实现"学生—教师—学校"三者共同发展的一种合作共赢的学习模式。"探究式学习模式"的学习过程包括"全程三环"（课前预习环节、课堂探究环节、课后延伸环节），"课中五步"（自主探究、合作探究、成果展示、当堂检测、我的收获）。

三、高中数学"探究式学习模式"的主要特征

（1）高中数学"探究式学习模式"以问题为中心，整个课堂都是师生围绕问题开展自主合作探究学习的。

（2）高中数学"探究式学习模式"的课堂突破了传统教学模式中师生之间教师是主导，学生是主体的地位关系。在"探究式学习模式"下的课堂中，教师和学生之间不存在主导和主体的关系，而是倡导师生地位的"同构"性，教师和学生都是问题学习的主体，是平等的发现者、合作者、探究者、解决者和分享者，教师由显性主体逐步转变为隐性主体，相应地，学生由隐性主体逐步转变为显性主体，整个过程侧重于对师生课堂角色的认知以及行为习惯和思维方式的重构。在整个过程中，教师也是一个受益者、成长者。

（3）高中数学"探究式学习模式"立足于学生的长远发展，立足于培养学生的终身学习能力。

探究是一种学习方式、学习习惯。丰富学生的学习方式，改进学生的学习方法是高中数学教学的基本理念。学生的数学学习活动不应仅限于对概念、结

论和技能的记忆、模仿和接受。独立思考、自主探究、动手实践、合作交流、阅读自学等都是数学学习的重要方式。教师应该引导学生互相学习，加强交流合作，对教学内容、行为和方式进行多方面的研究，用这种科学探究的氛围感染学生。根据新课程标准制定的目标进行有效的课堂教学，让师生在共同的目标下开展数学探究式学习，一定能使数学探究更加富有成效。总之，在高中数学教学中，教师要洞悉探究教学的本质，树立探究新理念。

四、高中数学"探究式学习模式"的结构框架

基于高中数学"探究式学习模式"的三大显著特征，我们将高中数学"探究式学习模式"课型基本的结构框架和活动程序简要概括为"全程三环、课中六步"。

"全程三环"指的是高中数学"探究式学习模式"课型的基本教学流程分为课前预习、课堂探究、课后延伸三个环节。课前预习环节即"问题预设与发现"，课堂探究环节即"问题学习与解决"，课后延伸环节即"问题拓展与迁移"，全程以问题为载体开展各种探究。"课中六步"指的是"探究式学习模式"课型的核心环节——课堂探究环节中"教"与"学"的六大活动程序：问题导入、自主探究、合作探究（包括组内合作、组间合作、师生合作）、成果展示（包括小组展示、组间展示、师生展示）、当堂检测（有效训练、反馈展示）、我的收获（归纳梳理、整合内化）。其中探究环节是重心，占课堂时间的5/8。

第三节　高中数学"探究式学习模式"的
课前预习环节：问题预设与发现

从一定意义上来说，课前预习环节是指课堂教学之前，师生为完成课堂"教"与"学"的任务而做的所有准备工作，即教师解读课程标准、分析教学文本的内容、确立课堂教学目标和教学课时、规划教学过程和手段、设计学习问题和学习活动、编拟课堂学习成果检测题、撰写教学设计（俗称"教案"）、制作教学课件等备课工作——所有环节的构想都应服从教学目标和教学内容，符合学生的认知规律，有针对性地进行课前预习环节的设计也包括学生对即将学习的文本内容的结构化学习、对相关辅助资料的查阅浏览、对工具书的相应使用、对自主学习产生的疑难困惑等预习工作，课前预习环节还包括小组学习共同体经过课前合作预习发现的非认知性的学习问题等。正是因为课堂教学时间的有限性和局限性，要想增强课堂教学进程的流畅性、紧凑性，提高课堂学生学习效率和课堂容量，课前预习环节必不可少，相关准备工作是否充分、到位，直接关系到课堂教学目标达成的可能性和成效性。

在高中数学"探究式学习模式"课型中，教师和学生的课前预习环节准备工作的重点是"问题的预设和发现"，即教师通过课前备课预设好课堂教学待解决的问题，而学生则通过课前预习发现自己课堂学习可能存在的问题，记录自己的疑惑之处。

首先，教师根据课程标准、教学内容和实际教学要求，对相关知识进行结构化学习——基于学科知识体系和个人已有认知经验，以知识内容为起点、思维方法为中介、综合素养为目的，通过有计划、有组织的文本内容学习，动态建构自身的认知系统和价值体系的学习过程、方法——对课程内容做出符合课程标准要求的结构化分析，然后了解学生的已知和未知，按照学生知识经验实际、学习基础、个性特征，预测学生课堂学习的兴趣点、分歧点、困难点，从"教"的角度，围绕知识与能力，过程与方法，情感、态度与价值观三个维度的课堂教学目标，将课堂教学内容和教学目标通过问题情境转化成学生的学习任务，也就是"问题或问题群落"，即预设问题。同时，教师需要创设若干个有趣、有效、可控的问题情境以激发学生问题探究的兴趣，设计相应的活动方式以便高效组织学生问题学习的进程，编制一定量的有层次的课中与课后的检测反馈题和能力提升题以便检测、反馈、巩固学生课堂学习效果和拓展迁移基本知识和基本技能的运用能力。

同时，学生在教师预习要求的指导下知晓学习内容，了解学习要求，进行课前预习。学生借助相关教辅资料对相关知识进行结构化学习——在个人已有学科知识的认知经验上，以相关内容为起点、思维方法为中介、知识建构为目的，通过有计划的内容学习，动态建构自身的认知系统和价值体系的预备学习过程，基本熟知课程内容，对课程内容做出简要的理解和分析；从个人"学"的角度，发现并生成包括知识的识记、理解、分析、评价、探究推导、迁移运用等各能力层级的，包括概念性、原理性、习题性和拓展性在内的各类问题。这就是学生预习过程中自主学习的"发现问题"。

教师问题预设和学生问题发现与生成共同形成了高中数学"探究式学习模式"课堂教学的课前预习环节。用简易标识图（图3-3-1）示意如下：

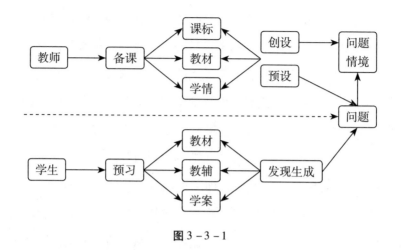

图 3 - 3 - 1

爱因斯坦说过："提出问题比解决问题更重要。"一切创造、创新的起点都是问题。没有问题或者发现不了问题的学习都是"死读书""读死书"，即使有所收获，也只是死记硬背得来的知识堆砌、无序建构。并且，问题意识和问题解决能力是现代社会持续发展的动力。因此，学生在课前预习环节中除了基本熟知课程内容、对课程内容做出简要的理解和分析之外，更重要的是"发现和生成问题"，即发现自己在课堂学习过程中可能遇到的疑难、困惑、矛盾，从而生成需通过教师指导、他人启迪才可能得以解决的，能促进个人知识习得、意义建构、价值形成的问题。

需要注意的是，预习过程中学生的"问题发现和生成"必须是在教师指导下围绕课堂学习目标而发现的与自身学习能力、学习经验、认知基础有一定差距的疑难、困惑。这些疑难、困惑如果能够在课堂学习中得以解决，就可以有效促进自己的知识习得、意义建构、价值形成。因此，在问题发现和生成的时候，首先要考虑的是问题的目标性，即问题解决的指向性要能够达成课堂学习目标；其次是问题的价值性，即问题是有价值的，是能够促进自身的知识建构的；最后是问题的可学习性，也就是问题是需要通过自主学习、合作探究、思维碰撞、方法整合才能探寻到解决路径和事实真相的。同时，要坚决摈弃为问题生成而生成问题的随意生成现象，也要杜绝只要借助工具书就能解决的呈静态表征的浅表知识层的无疑而问的"伪问题"。

第四节　高中数学"探究式学习模式"的课中探究环节：问题学习与解决

　　课堂教学是教学工作的中心环节，是教学质量提高和素质教育的主阵地。课堂教学过程是师生之间、生生之间的信息、思维、情感、人格精神互动的过程。让学生的个性、智能、价值观得到充分发展，让教师的自我价值、创造精神和人格魅力得到充分展示，是课堂教学的终极目标。因此，我们需要进一步强调教师要向课堂要质量、学生要向课堂要效益的课堂教学观念，要求教师在课堂中更合理、更科学地处理好知识与技能，过程与方法，情感、态度与价值观三维目标的关系，处理好教师与学生"双主体"的关系，处理好教学内容与教学形式的关系，处理好减轻学生负担与增强教学实效的关系，处理好学生在整个探究学习活动中经历、体验、建构的关系，从而有效地优化课堂教学结构，在尽可能少的时间内高质量、高效益地达成教学目标和要求，使每一次的课堂教学尽可能地发挥最大的作用，取得最佳效果，使师生共同获得最大限度的发展。

　　在"探究式学习模式"课型中，课堂教学是师生共同参与探究的双边互动的动态变化过程，它的主要任务是学生在教师创设的问题情境和学习活动中，通过在学习共同体中的师生互动、生生互助的自主、合作探究学习，围绕教师预设的问题和学生课前、课中生成的问题进行理解、思考、分析、探讨、解决、分享、反思，最后达到不同层次的学生在自身的知识建构、智能发展、价值形成、品性养成等各方面都有所习得、有所发展、有所成长。这就是"探究式学习模式"的课中环节，即在课前环节"问题预设与发现"的基础上进行的"问题学习与解决"。

为此，我们需要在坚持课堂教学注重基础性、整体性、差异性、自主性、动态性、情感性六个基本原则的前提下，进一步强调教师在课堂教学推进中注重教学目标的多元化、教学内容的情境化、教学方式的多样化、教学过程的互动化，使"探究式学习模式"课堂教学逐步走向过程式教学、合作式教学、探究式教学、参与式教学，使学生自主学习的诉求得到不断满足，主动学习的热情不断高涨，合作学习的空间得到不断拓展，自主、合作探究的学习能力得到不断提高，优秀的学习品质得到有效培养，自主发展的需要（包括个体差异发展的需要）也逐渐得到有效实现。

在"探究式学习模式"课型中，学生个人的自主探究、合作探究（包括组内合作、组间合作、师生合作）是其教学活动的主要形式，也是课堂教学的主要矛盾，其中包括教师课前问题预设与学生课堂问题生成之间一致性的矛盾、教师教学方案设计与课堂动态变化之间统一性的矛盾、教学目标预设与学生学习习得之间耦合度的矛盾、教师与学生"双主体"作用之间平衡性的矛盾、教师知识传递与学生体验建构之间主次性的矛盾、教师教学意愿与学生发展意愿之间差异性的矛盾、教师教学过程引导与学生问题学习解决协同性的矛盾、学生自主学习与合作学习之间科学性的矛盾等。通过学生自主探究、生生合作探究和师生合作探究的有序、高效实施，这一系列矛盾得以不断演绎、变化、消长，课堂中的"问题学习与解决"得以不断推进，师生共同的教学目标也会渐行渐近。当然，这一系列矛盾集聚在一间教室的短短40分钟里，如何梳理、面对、解决，需要教师的教学智慧，更需要课堂所有要素之间尤其是师生之间的凝聚力和向心力。

"探究式学习模式"课型的课中环节"问题学习与解决"包括"教"与"学"的六大活动程序：问题导入、自主探究、合作探究（组内合作、组间合作、师生合作）、成果展示、检测反馈、我的收获。这六大活动程序简称"课中六步"，是"探究式学习模式"课型的核心环节，其中"探究学习"是重心。

用简易标识图（图3-4-1）示意如下：

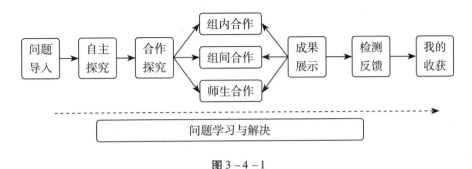

图3-4-1

一、问题导入

著名教育家苏霍姆林斯基说："如果老师不想办法使学生产生情绪高昂的智力振奋的内心状态，就急于传授知识，那么这种知识只能使人产生冷漠的态度，而给不动感情的脑力劳动带来疲劳。"教学实践也不断证明：积极的思维活动是课堂教学成功的关键，而富有吸引力、趣味性、启发性的课堂导入可以提振学生的学习热情、凝聚学生的学习注意力、激发学生的求知欲望、形成学生强烈的学习动机。

课堂教学的导入方法多种多样，大多集中于"温故知新"和"设疑激趣"两个方向。前者如复习旧课导入法、推陈出新导入法、温故新知导入法、承前启后导入法等，目的在于引导学生温习旧有知识和经验，巩固已经掌握的方法和能力，在温习过程中得到新的理解和习得，为即将学习的新知识铺垫经验基础，指导正确方向；后者如故事导入法、案例导入法、游戏导入法、竞赛导入法、实验导入法、观察导入法、直观演示导入法、生活问题导入法等，目的在于通过唤醒学生内心的欲望、需求，满足学生在学习上的好奇心理，达到使学生注意力高度集中、尽快进入学习状态、感受主动思考和探究乐趣、促进课堂教学组织高效展开的目标。两个方向有其相同点，即都强调新知产生与形成的来源或是途径，不同点在于"温故知新"强调的是继承，"设疑激趣"强调的创新。前者在学习心理上更多的是处于被动接受状态——被教师要求或引导去回顾、温习并建立与新知的关联；后者在学习心理上更多的是处于主动状态

——因为好奇、兴趣而自觉地思考，主动调动旧有知识、经验、方法，力图探寻"趣"的缘由和"疑"的真相。

"探究式学习模式"课型中"问题导入"环节就是学生根据教师提前创设的各种问题情境进行新课程内容的自主探究学习的过程。

问题情境是指"个体觉察到的一种有目的但又不知如何达到这一目的的心理困境，也就是当已有知识不能解决新问题时而出现的一种心理状态"。冯忠良等人主编的《教育心理学》认为："所谓问题情境，指的是具有一定难度，需要学生努力克服，而又是力所能及的学习情境。"问题情境通常包括三个主要部分：一是在问题情境中解决问题的迫切需要，即渴求新知识的一种认识需要；二是在问题情境中包含所需提示的新的未知知识；三是学生解决问题所应有的可能性。

问题情境是一种具有特殊意义的教学环境，这种教学环境除了物理意义上的存在，还有心理意义上的存在。从物理意义上讲，它具有客观性，是一种看得见、摸得着的教学背景，它可以是现实生产、生活材料，也可以是本学科的问题，还可以是其他学科的相关内容等。从心理意义上讲，它充分反映了学生对学习的主观愿望，能激发学生的学习兴趣，能唤起学生对知识的渴望和追求，让学生在学习中有一种积极的情感体验，使他们积极主动地投入到学习中去。

合适的问题情境也就是外部问题和内部知识经验的恰当程度的冲突，可以使文本内容的意义被充分地揭示出来，使学生易于理解，也就是学习材料的逻辑意义明朗；可以使学生自然而然地产生学习欲望，激发学生的内在学习动机，让学生在学习中有身临其境之感；可以帮助学生建立知识与生活、旧知与新知、已知与未知之间的联系，为学生的认知建构搭建"脚手架"；可以引导学生体验学习过程，让学生在经历和体验中学习，而不是直接获得结论。

问题情境大致有三大类：问题的障碍情境、问题的发现情境、问题的解决情境。问题的障碍情境就是在学生原有知识储备和知识经验的基础上，有意识地让学生陷入新的困境，以使学生形成新的认知冲突，从而唤起学生对新知识的渴望和探求的一种问题情境。问题的发现情境就是通过呈现一定的背景材料，引出新的学科问题，通过引导学生发现问题的特征或内在规律，产生新的学科概念的一种问题情境。问题的解决情境就是直接呈现出某个新的学科问题，围绕如何解决这一问题组织学生展开学习、探求知识、寻找解决问题办法的一种问题情境。"探究式学习模式"课型中教师所展示的问题情境大多是以问题的发现情境为主，配合问题的障碍情境和问题的解决情境。

"探究式学习模式"课型中教师所展示的问题情境应当具备并需把握好以下四个方面的特征：一是问题情境呈现的背景材料具有一定的趣味性和指向性，它能够聚集学生对问题情境的心理指向和关注度，激发学生的学习欲望和探究冲动；它能够显性或隐性地将情境中的问题指向课堂教学目标，问题学习和解决的过程必将是教学目标达成的过程。二是问题情境对学生学习心理产生的认知冲突具有一定的启发性和挑战性，它能够让学生在原有知识储备和知识经验中找到关联点，获得新知的思维突破点，形成"我能、我行、我要试一试"的心理期许；但又具有一定的困惑感和适度的压迫感，能促使学生努力地向上"跳一跳"以破解这种困惑与压迫的心理困局。三是问题情境动摇学生已有的认知结构的平衡状态，引起学生内心冲突时应具有兼顾性和扩展性特征。一方面，情境要兼顾不同层次学生的学习需求，使不同层次的学生在此情境中都有所触动、有所习得；另一方面，情境要根据教学推进向深度、广度、难度等不同的能力层级发展方向不断延展，以利于学有余力的学生在情境的扩展中继续深入地探究。四是问题情境需要具备开放性和生成性的特点，也就是创设的情境要有意识地设置多条不同走向的学习路径，并在不同的路径中设置多个可能的思维发散点和创新点，让不同智能基础的学生在情境的认知中产生经验上、方法上、目标上的矛盾冲突，从而生成新的认知、建构、成长的问题，丰富情境内涵，扩展情境意义。

当然，创设问题情境的方式很多，有利用典型事例的、呈现需要解释的实验或现象的、提出知识应用于实际问题的，也有利用学生讨论产生矛盾冲突的、游戏竞争中形成疑惑的、生活中常见却不太好解释的现象等。教师也不必拘泥于具体的形式，而应当根据学习内容、学习目标、学生特点、教师特长等多方面的因素机智地因时而变、因情而变，保证灵活性、可操作性，做到以情入境、以奇入境、以疑入境、以趣入境，从而培养学生的学习兴趣，激发学生的学习意愿，增强学生的求知欲，调动学生参与学习的自觉性，引导他们积极主动地探求新知、理解新知、建构新知。

需要注意的是，教师通过问题情境的展示引导学生进入新课程的学习时，需明示新课程的学习目标和基本要求，但不宜过早引导学生关注情境中预设的问题，避免学生形成先入为主的学习目标，而忽略了自身在课程学习中经过自我探究发现和生成问题的意义。

二、自主探究

自主探究学习包含三方面的含义：一是自主探究学习是由学习者的态度、能力和学习策略等因素综合而成的一种主导学习的内在机制，也就是学习者指导和控制自己学习的能力，如制定学习目标的能力、针对不同学习任务选择不同学习方法和学习活动的能力、对学习过程进行监控的能力、对学习结果进行评估的能力等；二是自主探究学习指学习者对自己的学习目标、学习内容、学习方法以及使用的学习材料的控制权或者说自由选择权；三是自主探究学习是学习者在总体教学目标的宏观调控下，在教师的指导下，根据自身条件和需要制定并完成具体的学习目标。从相对狭义的角度（学校教育）来说，自主探究学习是指学生在教师的科学指导下，通过能动的、创造性的探究学习活动，实现自主性发展。这其中，教师和学生都是教育的主体、学习的主体；学生能动的、创造性的学习是教育教学活动的中心，是教育目标实现的基本方式和途径；实现自主性发展是教育教学活动的目的，是一切教育教学活动的本质要求。从更为狭义的角度（课堂教学）来看，自主探究学习是指学生个体在学习过程中一种主动而积极自觉的学习行为，是学生个体的非智力因素作用于智力活动的一种状态显示。它表现为学生在课堂学习活动过程中强烈的求知欲、主动的参与精神与积极的思考行为，其重要特征是已具备了将学习的需要内化为自觉的行为或倾向，并具备了与之相适应的一定能力。在自主探究学习状态下，学习的压力产生于内在需求的冲动，即自我价值实现和社会责任感的驱动，而不是外在的压迫和急功近利的思想。

"探究式学习模式"课型中，自主探究学习就是课堂教学中学生在总体教学目标的宏观调控和教师预设学案的引导下，依托教师预先创设的问题情境，自觉主导自己的学习，它是在学习目标达成、过程推进、策略选择、行为实施及效果评估等诸方面进行自我设计、自我管理、自我调节、自我检测、自我评价和自我转化的主动建构过程，是学生对课堂问题学习的思想、观念、价值以及解决问题的方法主动追求和不断吸纳、内化的活动，具体表现为对一系列知识、观点、原理、定理或理论以及蕴含于其中的方法论的自愿自觉的把握和应用，从而形成自身的知识体系和思维能力。

"探究式学习模式"课型中的自主探究学习的特征首先表现为它是一种在课堂教学整体目标的宏观调控下的教师引导的自动性学习，与那种对自己的学习目标、学习内容、学习方法以及使用的学习材料具有绝对控制权和自由选择权的广义的自主学习有较为明显的区别。它基于教师预设的课堂教学目标和创设的教学情境，融合自身的学习需求和目标定向，在自我求知欲和好奇心的驱动下，积极投入学习，主动选择学习策略，竭尽全力地调动现有的学习经验，发挥自己的学习潜能，自觉探求基于自己求知欲望和成功实现问题解决的目标达成。所以，它的目标定向非常明确，情境把握非常清晰、稳定。学生学习的方向感、状态感、兴奋感、成就感相对来说就显得明确、轻松、愉悦。

其次，"探究式学习模式"课型中的自主探究学习是学生对新知的自我探索、自我建构、自我创造的主动作为过程。布鲁纳认为：知识的获得是一个主动的过程，学习者不应是信息的被动接受者，而应该是知识获取的主动参与者。学生在以掌握知识、增长技能为目的的掌握性目标的引领下和以显示能力、超越别人、获取赞许为目的的表现性目标的驱动下，以问题情境为学习背景或材料，凭借已知经验和技术对新课程的学习文本进行阅读、理解、分析、体悟，调动所有静态学习资源，扫除思维障碍，对教师预设的学习问题尝试着独立解决。同时，学生借助问题情境的提示和学习资源的帮助，对自身课前预习过程中存在的疑难困惑进行有效突破和解决。在这整个过程中,学生将自主学习习得的新知融合在旧有的知识体系中进行自我建构,并在探索尝试中有所顿悟、体味和创造。

最后,"探究式学习模式"课型中的自主探究学习往往表现出一种强烈的、高度的自律性,也就是学生对自己的学习要求、学习目的、学习行为、学习结果、学习意义的自我觉悟、自我约束和自我规范,这是一种学习责任感,并在自主学习过程中外在表现为学习的主动性和自觉性。在遇到学习困难和干扰,如一时难以理解问题、身心疲劳、情绪烦恼和外界因素干扰等时,学生内在学习动机的推动作用会逐渐减弱,而促使学生的学习不断进取、持之以恒的力量则来自其自律性。自律性是"问题导学"课型中自主学习的保证,是调整心态、控制行为、优化策略、取得成效、达成目标的有力保障。

在"探究式学习模式"课型中的自主探究学习环节,师生的主要任务是:教师通过问题情境的展示引导学生进入新课程的学习,明示新课程的学习目标和基本要求。学生以内在学习动机为前提,在课前预习的基础上理解、把握教师指出的学习目标和基本要求,以问题情境为载体,分解学习目标,再次对新课程的文本知识进行快速的自主学习和独立思考,应用诸如文本批注、笔记摘录、复述、列提纲、做小结、画示意图等学习策略,探求、发现问题情境与文本内容、学习目标的联结点,尝试通过教师的预设问题和自身预习过程中发现、生成的问题温习旧知、建构新知;然后将自身无法解决的疑难困惑、无法突破的思维障碍,通过信息组织和转换,生成符合表述要求的个性化的学习问题,并记录在"问题学习案"的"我的问题发现"一栏。

问题导入和自主探究学习两个步骤的操作范式可用简易标识图(图3-4-2)示意如下:

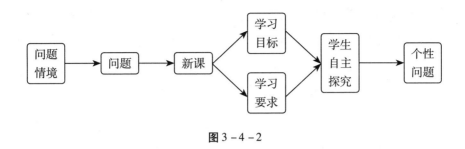

图 3 - 4 - 2

三、合作探究

合作学习（cooperative learning 或 collaborative learning）是 20 世纪 70 年代初兴起于美国，并在 70 年代中期至 80 年代中期取得实质性进展的一种富有创意和实效的教学理论与策略。其于 90 年代初被引入我国基础教育的研究和实验，取得了较好的效果。作为"探究式学习模式"课型在课堂教学中呈现的有别于其他模式的显著特征之一，合作探究学习环节是"探究式学习模式"课型建构的重心所在。在高中数学"探究式学习模式"课型的"全程三环、课中六步"中，合作探究学习是不可或缺的一步，也是关系高中数学"探究式学习模式"课堂教学成败、教学目标——尤其是学生非认知性品质的培养目标能否顺利达成的关键。其中合作探究包括组内合作、组间合作、师生合作。

合作学习又称协作学习，是以现代社会心理学、教育社会学、认知心理学等为基础，以课堂教学中的人际关系为基点，以目标设计为先导，以师生合作、生生互助作为基本动力，以小组活动为基本教学方式，以团体成绩为评价标准，以标准参照评价为基本手段，以大面积提高学生的学习成绩、改善班级内的社会心理气氛、形成学生良好的心理品质和社会技能为根本目标，极富创意与实效的教学理论与策略体系。

"探究式学习模式"课型中的合作探究学习是指根据同质或异质原则分别组合的以小组为单位的学生团队，在教师的引领、指点和共同参与下，依托问题情境和学习活动，围绕共同的学习目标，内部成员分工合作，彼此之间互相依赖而又相互担当，发挥团队的积极功能，提高个体的学习动力和能力，共同学习、讨论、分析、解决问题并分享学习心得，以完成特定的学习任务，获得个人学习过程的体验，意义建构，并在完成共同任务的过程中实现学生个体的智能发展、价值形成和非认知品质的培养。

因此，第一，"探究式学习模式"课型中的合作探究学习是以组建学习共同体为基本前提的，也就是先将学生按照一定的方式分成若干个学习小组，因为合作学习是以小组活动为主体进行的一种教学活动。学习共同体的组建方式可以是按同质分组，如相同的学习兴趣、相同的学习动机、相同的学习基础，甚至是相同的生活爱好、相同的作息规律、相同的思维模式等。同质分组缩小了共同体内部成员之间的差距，小组学习时遇到的认知问题、思维问题、价值观问题、学习品质问题基本上大同小异，有利于教师的教学指导。但其缺陷也很明显，尤其是综合素质层次相对较低的学习共同体，其中缺乏榜样的引领，问题学习很难得到有效拓展，思维缺乏深度、广度延伸的有效引领，成员彼此之间缺乏对他人的依赖和责任，自身得不到同伴的有效帮助，也无法形成对他人的有效支持，整个团队在表面看来学习效率很高，但学习效益仅停留在团队较低的共同特质基础之上，达不到通过同伴的思维引领，团队其他成员能够"跳一跳"从而摘到更好的"果子"的合作效益。所以，在"探究式学习模式"课型的学习共同体组建中，我们更多地倾向于另一种分组方式——异质分组，就是基于学生的学业基础、学习能力、性格、性别、兴趣特长甚至家庭背景等的差异，按照互补、互助、互利的原则，将"此长彼短"和"此短彼长"的学生组合在一个学习共同体内。异质分组可以利用共同体内部成员各方面的差异形成成员之间更为强烈的依赖感和责任感，以便于团队在合作学习过程的相互帮助、相互引领、相互启迪、共同研究、共同拓展，有利于团队成员榜样作用的发挥、思维方式的丰富、伙伴关系的改善。当然，同质分组也存在一些弊端，其中较为突出的是能力性格的差异容易引发问题思考和学习行为上的冲突，会影响学习进程和效率以及知识的拓展和探究。另外，榜样对每个同伴的作用不一致。当然，尽管异质分组也存在一些弊端，但只要教师指导得当、团队组织有力，异质分组的学习共同体会在合作学习过程中呈现出明显的优势。

第二，"探究式学习模式"课型中的合作探究学习是学习共同体的一种目标导向活动，即学习共同体全体成员基于共同的学习任务而进行的相互合作的学习活动。这其中，共同的学习任务既包括教师基于问题情境而预设的针对所有学习者的显性或隐性的学习任务，也包括全体成员基于共同体的共同进步目的而肩负的协助其他成员解决其自身所生成的疑难困惑的学习任务。在合作学习过程中，学习共同体全体成员在教师的指导下，在共同体内部的有效组织下，分工协作，将学习任务一一罗列，然后按一定的顺序以完成任务为基础目标而进行独立思考、共同探究、相互依赖、彼此借鉴、交流分享，甚至借助其他学习共同体来释疑解难、补充完善，最后完成学习任务，达成学习目标。

第三，"探究式学习模式"课型中的合作探究学习是一种有组织的共同学习活动。在一个有着共同学习目标、彼此之间有着高度资源依赖和角色依赖的学习共同体的合作学习过程中，需要一种强有力的团队管理制度和学习组织制度，并由团队中综合素质较高、协调能力较强、能关注整个团队及每一个成员、能合理整合与配置团队所有资源的一个成员负责组织、协调、推进团队的合作学习活动。如果缺乏制度的约束，团队不可避免地会出现综合能力较强的成员控制整个团队的合作学习过程的情况，他们独自包揽团队学习任务，以自己的思路、想法、见解代替整个团队的学习过程，甚至阻碍其他成员平等参与共同体的合作学习，拒绝他人的学习过程参与，尤其是那些内向的、能力较差的、习惯于独自学习的学生，造成这些学生不敢或不愿表达自己的思想、做出自己的解答，最后沦为那些"强势同伴"的思维成果的听众，直至消磨掉合作学习的参与热情。同时，这种"强势同伴"也为共同体中懒惰的学生营造了"避风港"，使之"名正言顺"地逃避交流沟通、互助合作。但是，这种没有通过自身的思维建构而获得的认知是无法真正用来进行自我意义建构和非智能领域成长的。所以，任何一个学习共同体要想达成共同进步的目的，就必须进行有组织的合作学习，也就需要一个能顾全大局的"小权威"出现。这个"小权威"不仅能带领大家实现学习目标，而且能引导、促使每一个成员积极、自觉地参与合作学习并取得一定的进步。

第四，"探究式学习模式"课型中的合作探究学习是学习共同体全体成员共同参与、合作互助、共同进步的一种学习合作活动。合作探究学习的目的之一就是让每一个学生相信自己享有和别人一样的学习和成功的机会，并通过与他人的相互依赖、相互帮助取得共同进步。这就要求每一个学生积极主动地参与共同体的学习活动中并对自己承担的学习任务负责。在合作探究学习过程中，每一个学生就自己承担的学习任务设计任务完成的路径和方法，广泛征求共同体其他成员的意见，组织其他成员深入思考、讨论交流、辨伪存真，最后解决问题，完成任务。对于共同体其他成员承担的任务，也需要基于合作学习的责任感和为小组共同进步而努力的承诺，尽己所能地积极参与合作学习的交流、沟通、分享。需要注意的是，"探究式学习模式"课型中的合作探究学习促进学习共同体的共同进步不会停留在认知智能领域，即学习问题的解决和学习任务的完成，还包含了非智能领域的共同成长，诸如品性德行、人际交往、学习品质等。尤其是合作学习过程中，通过成员之间的言语、行为、思维的交往，学会聆听、尊重、理解、包容、借鉴、帮助，乃至休戚相关、荣辱与共。因此，在"探究式学习模式"课型的合作学习活动中，要谨防学习共同体内部出现形聚神散的"不合不作""只合不作"和"只作不合"的"伪合作"现象。

第五，"探究式学习模式"课型中的"合作探究学习"也是不同学习共同体之间或者团队与教师之间的相互质疑问难、相互释疑解难、相互补充完善、相互合作协助的一种学习交互活动。作为合作探究学习的另一种重要形式，它曾被众多的合作学习研究者忽略，他们没有发现其在学生学习活动中对于再次点燃学生学习激情、拓展思维深度、完善意义建构、强化人际交往等各方面的潜在价值。此外，在学习共同体内部的合作学习过程中，即使是共同体内部所有成员倾尽全力、肩负起团队共同进步的责任，囿于团队成员的学习经验和思维能力，或者受制于目标任务的超限难度，其合作学习也未必能够完全解决团队内部共同的或个人的所有问题，甚至会在半途就遇到难以逾越的障碍和阻力。这时就需要借助团队外部的力量——来自教师的引导或其他学习共同体的互导，这种力量无论是提示、纠错还是引领、突破，都会给团队以曲径通幽、豁然开朗的事半功倍的效果。在这种引导或互导过程中，我们反对越俎代庖式的详细的过程分解和结果告知，而是主张学生通过彼此的质疑问难以达到思维上的逐步引领、方法上的渐趋明朗、活动上的有序推进，并通过这种相互之间的质疑问难和释疑解难的引导，再次激发学生的好奇心、好强心、好胜心，再次点燃学生探究问题的激情，让彼此的思维形成新的冲突和碰撞，在思维冲突和碰撞中拓展深度，找到突破的路径和缺口，在碰撞中延展思维视界，顿悟到意义建构的新坐标，然后合作协助、补充完善，实现任务完成和目标达成。

当然，合作探究学习并非放之四海而皆准的金科玉律，"探究式学习模式"课型中的合作探究学习也是如此。一般认为，在学习共同体中，那些思想感情偏于内向、性情胆小懦弱、长期习惯独立学习的学生在"探究式学习模式"课型的初始阶段甚至一个较为长期的适应阶段中往往会害怕甚至抗拒与他人的合作互助、交流沟通，他们既不愿意将自己的想法分享给他人，也不愿意让自己的困难依赖他人解决，有时宁愿自己的问题得不到任何解决，也要避免受到他人的拒绝。另外，并不是所有的学习任务都适合运用合作探究学习。一般来说，简单的知识技能尤其是表征符号认知的学习任务无须合作学习；而那些要求学生做出某种有价值的预测发现的探索性问题，或者是要求学生经过多方面思考来寻求解决问题的多种方案和思路的拓展性问题，抑或是要求学生对多种思路和结果进行比较分析并从中选择最佳思路或结果的分析比较性问题，以及问题情境设计比较复杂、学生个人难以完成、需要团队分工协作的多步骤的操作性问题等，以上这些能够在学习团队中形成彼此之间的认知冲突和思维碰撞，激发学生学习激情，促进学生潜能得以发掘和品质得以培育的问题，则最适合采取团队合作探究学习的方式。

需要强调的是，"探究式学习模式"课型中的合作探究学习中，教师的参与不可或缺且意义重大。合作探究学习是一种有团队、有目的、有组织、共同参与的学习方式，教师在学生各学习共同体合作探究学习中的主导作用主要表现在对教学目标的设置与展示、对学习任务的预设与引领、对学习共同体的学习组织指导和纠偏、对问题探究思路方法的点拨和引领、对各团队成员参与状态的要求和督导五个方面。

第一，课程教学目标的设置与展示。在课堂教学的准备阶段，教师需要根据课程标准、教学文本、教学规划和教学对象的实际情况，围绕学科核心素养，制定或设置新习课程的教学三维目标，即在知识与技能方面学生需要认知、理解、掌握、运用的学科基本知识，并内化成自身的获取、收集、处理、运用信息的能力、创新精神和实践能力以及终身学习的愿望和能力；在过程与方法方面学生需要参与、经历、体验的学习环境、活动过程和人际交往，并从中领悟、提炼、获取、应用的学习方式与具体方法，诸如自主学习、合作学习、探究学习的学习方式和发现式学习、小组式学习、交往式学习等学习方法；在情感、态度与价值观方面学生则需要在包括学习兴趣、团队责任、学习进取、人际交往等在内的情感领域得到一定的正向发展，在乐观的生活态度、求实的科学态度、宽容的人生态度等要素中获得积极引导和点滴成长，在个人价值和社会价值、科学价值和人文价值、人类价值和自然价值三个统一方面逐渐树立起对真善美的价值追求以及人与自然和谐和可持续发展的理念。三维目标是一个教学目标的三个方面，而不是三个独立的教学目标，它们是基于新习课程同一教学内容的统一而不可分割的整体。

第二，对学习任务的预设与引领。教师在设置新习课程的教学三维目标之后，根据教学对象的实际知识经验、学习基础、个性特征，有效预测学生课堂兴趣点、分歧点、困难点，将文本内容和教学目标转化成学生的学习任务，并依附于相应的有趣、有效、可控的问题情境。这些学习任务一般会以问题或问题链、问题群落的形式呈现。为了使学生有层次、渐进、高效能地探究、分析、解决问题，完成学习任务，教师需要对学习任务的完成做一些思维启迪和学法引导，这其中最重要的就是学习活动的安排。

第三，对学习共同体的学习组织指导和纠偏。学习共同体要做到高效学习、高质量达成任务目标，关键在于学习组织的科学性、流畅性、有效性。共同体内部成员的高度自律、组织者的灵活协调、成员之间的尊重配合以及相应的制度保障都是学习组织科学性、流畅性、有效性的必需要素。但客观实际往往不尽如人意，组织者的能力不足、成员的自觉性不够、成员之间的配合不和谐等问题，经常会将团队的合作学习氛围、方向、目标等误导至"死胡同"，或是偏斜甚至错误的路径上。这时候就需要教师提早察觉、即时发现、及时指导，通过对团队组织者言简意赅的及时提醒和指引，制止团队内部不符合学习组织制度的学习行为，鼓励学生敢于质疑，培养学生的求异思维、发散思维，积极协助团队营造活跃而和谐的学习氛围，并适时适宜地点拨问题解决的思维切入口等，对学习共同体的学习组织进行有效指导和及时纠偏，使之科学、流畅、高效。

第四，对问题探究思路方法的点拨和引领。学生在以解决问题、完成任务为关键要素的合作学习过程中，会经常遭遇问题探究的思维瓶颈和方法梗阻。如果任其拖延，就会严重挫伤学生的学习积极性，大大降低团队学习效率，从而影响问题解决质量并延误任务完成时间。所以，教师需要在恰当的时机介入团队的合作学习，有针对性地、适度地加以点拨、指导、引领。首先，教师要在学生探究思考的路径上千方百计地寻找延续性的思维激趣点，重新激发学生的松懈思维和求知欲望，以便学生尽快走出几经反复尝试而仍不可得的挫败阴影，调整心态，活跃氛围，重新投入问题探究中去。其次，教师要引导学生同伴之间相互质疑提问，鼓励学生培养求异思维、发散思维、创新思维，引导学生尝试从问题情境的不同层面、不同角度进行深入思考、反复问难。最后，教师要把握启发点拨的最佳时机进行相机诱导，也就是在学生欲说还休、欲罢不能或强弩之末、无计可施的情况下，有必要通过拨开最后一重迷雾、戳破那一层窗户纸、打开一扇天窗的方式为团队阻滞的思维引入一泓活水、引进一缕亮光。当然，这种引领仅仅是适可而止的点到为止，仅仅让学生感觉问题解决有所抓手，有一个着力点，而不是和盘托出、越俎代庖。

第五，对各团队成员参与状态的要求和督导。在"探究式学习模式"课型的合作探究学习中，教师的主导作用不仅表现在对学生学习目标、内容、方法的指引上，也体现在教师对每一个学生参与学习状态的督促引导上。因为学生学习热情、学习动力、学习经验、学习自觉性的差异，以及课堂突发事件的影响，学生在课堂中的学习状态很难保持高位运行，大多数学生基本上会呈现一个高开低走的函数曲线状态。因此，在课堂不同时段的合作学习过程中，大多数学生参与团队合作的状态也会呈现前高后低的波动。这就需要教师在掌握学生课堂学习心理变化规律的基础上，一是科学合理地安排课堂合作学习活动，创新合作学习活动形式，连续地创设思维激趣点，保持学生思维一定的活跃度；二是学习目标设置要有一定的阶梯性，使所有的学生都能在合作学习中有所习得，促使每一个学生为达成自己的学习目标而持续努力；三是对学习基础两极分化、学习动力不足、学习思路受阻、学习方法陈旧的学生，教师要做到课前能预知、有预案，课堂随时关注、适时而动、针对督导；四是当大部分学生进入学习疲劳期时，教师需及时察觉学生状态的变化，迅速调整教学策略，调节课堂学习氛围，转换学生心理和思维状态，以便进入下一个学习状态高台期。

在"探究式学习模式"课型中的合作探究学习分为三类：一是组内合作探究，即学习共同体内部的合作探究学习；二是组间合作探究，即不同学习共同体之间的合作探究学习；三是师生合作探究，即学生遇到瓶颈时教师可以适当参与探究，指引方向。

在学习共同体内部的合作探究学习过程中，学生在教师明确的教学指引下，以学习共同体为单位，根据学习目标和具体要求，依托问题情境和学习活动，在团队学科长的组织下进行合作互助的探究学习，并将在自主学习过程中各自产生的问题提出来，借助工具书、助读资料和其他相关资源，依靠团队协作和集体智慧，进行分析研讨，尽可能地加以解决，并最终完成共同的学习任务。而在此过程中，教师采取巡视、提点的方式，对各共同体的学习过程组织、问题探究思路和解决方法、学习目标达成加以针对性而非普适性的提醒、点拨，适度参与。教师尤其要重点关注各共同体合作探究学习的组织是否有序、有效，团队成员参与小组学习是否主动、积极，各共同体的问题生成是否符合课程目标和教学要求，问题解决的思路、方法是否正确有效，学习目标的达成是否真实有效、能否促进学生自我成长，等等。教师对共同体内各成员的学习状态须及时提醒、严格要求，对团队问题学习的导引要点到为止、适可而止。具体操作如图 3 - 4 - 3 所示：

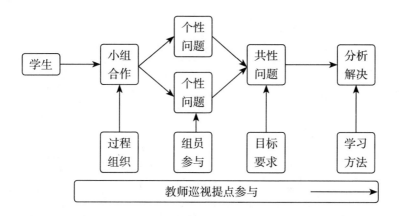

图 3 - 4 - 3

在学习共同体内部的合作探究学习过程中，各学习共同体仍然会存在知识建构各节点的问题解决障碍，这就需要扩大助力范围，从共同体内部向共同体外部借力，主要是其他学习共同体，当然也可以是教师。问题可以通过口头表述、书面转述（小纸条）、黑板板书或实物投影等形式向其他共同体提出，请求帮助解决。接受请求的共同体通过内部成员的研讨，形成较为完整、准确的问题解决思路、过程和结果，可通过相应的形式或是一对一地予以帮助，或是面向全班同学展示该问题学习和解决的成果。

教师在此过程中采取引导、启发的方式，对于各共同体求助的疑难问题，可以对其探究思路和解决方法略加提示、引导，但忌越俎代庖；对其他共同体帮助探究出来的问题解决思路、过程和结果要做补充、完善或者纠正；对各共同体忽略的但又是本课程学习的重难点问题，再次补充一定的问题情境，引导共同体彼此之间进行合作探究学习。同时，教师要重点关注各共同体求助的疑难问题的难度、重要性及其与学习目标的匹配度，关注这些疑难问题的解决结果是否正确、完整，关注本课程的重难点的学习和解决情况；最重要的是，教师须结合生生互导过程中呈现的问题，把握恰当时机，适时展示教师预设的问题供全体学生深入文本、探究疑难、掌握重点、突破难点，以达成教学三维目标。

这一环节的过程如图 3 - 4 - 4 所示。

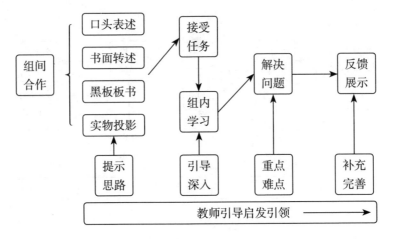

图 3 – 4 – 4

四、成果展示

当各学习共同体自我生成的问题和教师预设的问题通过团队内部的生生之间和团队外部的组组之间、师生之间的合作探究学习基本得以解决，相对高质量地完成学习任务，达成学习目标之后，各共同体可以派代表通过投影、板书、书面、口头等形式简要展示本团队的主要学习成果，包括教师预设问题、团队内部生成问题和其他团队求助的疑难问题的学习结果，尤其是对问题的研讨思路和解决方法。教师须再次把握机会，适时点评学习得失、补充问题情境、延伸学习问题，引导学生进一步拓展思维的深度、广度，强化重点、难点的学习，使学生的学习成果得以提高升华、巩固强化。具体过程如图 3 – 4 – 5 所示。

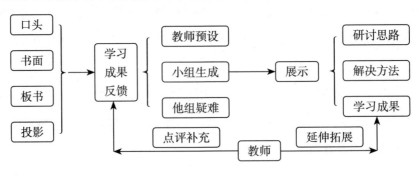

图 3 – 4 – 5

成果展示就是课堂教学中各学习共同体合作学习成果在团队内部和班级内的公开呈现过程，它不仅是自身学习成果表达反馈于其他成员或团队验证并得到肯定、认可、表扬、激励，也是通过成果呈现暴露自身学习过程和任务完成中存在的不足、不周、失误、错漏等问题，经过成员之间、团队之间、师生之间再次相互引导、相互补充、彼此完善，达到再学习、再巩固、再提升、再创新、再发展的学习目的。因此，成果展示绝不是合作学习结果的简单重复和教学检验，而是又一次充满人际交往的学习互动过程。将问题学习、合作过程、意义建构、思维发展精要有效地呈现给学习同伴，可以从同伴的肯定、赞扬中获得学习的满足感和成就感，从而树立自己的学习信心；从同伴的纠正、补充中认识到自身学习上的不足和缺憾，从而明确自己努力的方向。这种成果展示的人际交互过程实际上也是自身和同伴彼此加深认知、多角度建构、思维发展、能力内化的有效途径。

成果展示必须考虑成果的可展示性，即哪些学习成果是需要呈现给他人并能给他人带来思维启迪的，哪些成果是仅限于个人学习习得和意义建构而无须展示的。这其中既需要规则的制约，也需要教师课堂教学的即时智慧。一般来说，展示交流的内容应该具有普遍性特征，属于大多数人的共性问题、易错问题，包括本课程的重点、难点、易错点；而那些相对简单易懂的属于表征符号认知类型的知识，或者借助工具书和共同学习资源（如学生配套用书）就能解决的浅易问题，则没有展示的必要。同时，展示交流的内容应该具有互动性特征，即有互动诉求和可互动交流的学习成果，主要是在自主合作学习中遇到的思维障碍、方法困惑、路径岔口的呈现，这些最有利于激发生生之间、师生之间、团队之间的再学习、再探究、再提升的热情，从而能促进生生交流、师生交流。另外，展示交流的内容应该具有规律性特征，也就是展示内容有一定的代表性，学生通过彼此的展示交流从中发现类同或类似学习问题解决的普遍规律，包括学习方法总结、学习发现感悟。

成果展示还要考虑到不同层次学生的不同心理需求。每一个人都渴望有一个展示自我、得到认同的机会，尤其是学习能力相对薄弱、性格相对内向、人际关系把握相对软弱的学生，在自身学习取得较好成果时，更为迫切地希望有机会展现自己，得到教师和同学的认可和赞赏。尤其是在经过共同体内部和外部的反复合作学习之后，大多数学生都愿意站上讲台面对大家展示自己和团队的学习成果，希望自己的学习过程得到大家的认同、自己的学习结果得到大家的肯定、自己创新的思路方法得到大家的赞赏，从而巩固知识建构、增强个人自信、促进个人成长。

在组织学习成果展示过程中，教师要谨防此环节普遍存在的虚假、无序、低效的问题。

首先要做到目的明确，即为什么要展示。如果仅仅是一种停留于学习过程和结果的呈现，甚至只是学习问题解决的结果验证，那大可不必耗费过多的时间让每个学习共同体重复地呈现自己的结果或结论，更不应该把时间浪费在那种应付式展示、作秀式展示、活跃气氛型的展示上。学习成果展示更多的是通过成果展示，既让学生获得肯定、树立信心，又让问题得以暴露、学习得以延伸，更让学生在生生、师生的互动交流中，彼此启发，相互借鉴，对所学课程进行归纳性的概括总结、提炼升华和有针对性的再质疑、再思考、再探究。

其次要做到组织有序，即教师要有一定的展示交流方式方法指导。如果教师对展示交流的方法指导不到位，缺少应有的成果展示的基本规则、制度、要求，就会造成共同体内部展示时，要么你一言我一语，争相发言，要么你不说我不说，无人出声；也会造成团队之间展示时，要么你说你的、我做我的，无人倾听，要么你说一句、我辩一句，争执不下，使整个展示交流过程混乱不堪、失去控制，学习成果得不到有效呈现，问题得不到充分暴露，学习效果得不到整体提升，更无法达到再学习、再巩固、再提升、再创新、再发展的学习目的。

再次要做到机会均等，即展示交流要面向全体学生，偏向薄弱学生。在无组织或者组织不力的团队中，成果展示的机会往往会被团队内部的"强势人物"或"权威人士"强占，展示的平台往往成为他们独自表演的舞台，而那些相对弱势或本身信心不足的学生往往沦为无聊的"看客""观众"，失去表现自我、树立信心的机会。同样，在团队之间的展示交流过程中，教师如不能有效控制、调节展示机会的配置，就会让某些有"强势人物"或"权威人士"存在的团队独占展示交流的控制权，包括问题解决的展示、学习结论的垄断和交流时间的控制，对其他团队的诉求、申辩、异议置若罔闻，甚至对教师的提醒、补充不理不睬。这样的展示无疑是"独舞"而非"合唱"，是个体表演而非群体竞展；这样的展示达不到交流的效果，达不到相互支持、共同进步的目的。

最后要做到展评结合。在学生学习成果展示的过程中和展示结束后，教师需要适时追问、点拨、启发、引导学生对展示对象、内容、进程、时间进行合理评价、拓展、调控，对展示团队的成员参与度、精彩度、准确度、团结协作等方面的优点与不足进行点评、表扬或提醒。但对于学生学习成果展示过程中出现的失误、问题、障碍、错误等，教师不宜过早、过度地干预和纠正，而是要等问题暴露得更为充分，尤其是一些普遍性、经常性的易错易误点，最好是能够让其他学生主动发现，帮助纠错。

五、检测反馈

检测反馈是"探究式学习模式"课型的课中环节中极为重要的一步，它涉及检测与反馈两个方面。

检测是课堂学习活动的延伸和继续，是教师在教学过程中及时掌握师生教学效果、调整教学计划、改进教学方法、加强教学指导，有效提高教学质量、达到预期目标的必备手段，也是学生巩固学习习得、强化意义建构、内化运用能力、解决实际问题的有效途径，是学生强化正确、改正错误、找出问题所在、改进学习方法的一种必需的直观体验。它通过问答、讨论、练习、小测、实操等手段，全面了解并正确评估学生的学习进度、学习成就和学习目标达成情况，以及学生的语言表达能力、人际交往能力和非智力因素品质培育情况，并对此作出恰如其分的评价。2008 年，美国学者卡皮克和罗迪格两人曾对测试和反复学习的方式进行了实际效果的比较研究，他们得出了这样的数据：测试方式下的学习者在一周后对所学知识回忆的正确率高达 80%，而反复学习的学习者一周后对所学知识回忆的正确率只有 33%。由此可见，方向正确、目标清晰、有针对性的课堂检测是学生巩固学习习得、提高目标达成度的必要手段。

反馈是师生双方"教"与"学"的互动活动，是教学信息在师生、生生之间相互传递、相互影响、相互作用的过程。它首先是学生将检测结果传递给教师，教师则根据学生传递的结果进行分析、综合、归纳，给予恰如其分的评价和学习建议；然后反思自身教学过程、方法、细节，做出理性且科学的教学判断与决策，进而规划弥补不足或改进教学的方案措施。其次，教师将检测结果、相应评价、学习建议等信息明确提供或传递给受检测学生，指导其矫正错误、查漏补缺，激励其精益求精、提高效率，从而提高课程学习目标的达成度。其中，针对学生反馈信息中暴露出的普遍性、规律性的问题，通过面向全体的讲解、引导、点拨、讨论、互学等方式帮助学生解决问题；而对出现带有学生明显个性特征的非共性问题，则可通过指导学习共同体内部"兵教兵""一对一"的互学互导或课后单独指导的方式帮助其解决。

那么，在"探究式学习模式"课型中如何运用检测手段、发挥检测功能？首先是检测题的设计质量，包括形式和内容。

在检测题的形式设计上，反对将检测局限于试题测试，以试题的形式统揽所有的检测环节，而应将检测方式进行适度、适量的形式创新，以增强检测的趣味性和吸引力，激发学生自觉自愿参与检测的意愿和欲望；但也反对"日日新，月月新"的罔顾检测目的、检测内容，只注重形式新颖有趣的华而不实、牵强附会、喧宾夺主的检测方式，因为这既不现实，也不科学。

在检测题的内容设计上，反对罔顾学生实际、课堂实际、学习实际，在以教材为中心的惯性思维束缚下，无选择、无区别、无针对性地照搬照抄，将教科书上的、教辅资料上的、网络资源中的练习题、测试题原封不动地移用到检测反馈这一环节。检测内容的设计需要立足检测的针对性和实践性，注重检测的层级性和易错性，增强检测的趣味性和多样性，以达到检测"教"与"学"的成效、优化"教"与"学"的方式、改进"教"与"学"的策略、提升"教"与"学"的能力的检测目的。

首先，检测内容需要具有针对性和实践性。检测针对的是学习目标、实践的运用能力。前者要求检测题的设计者立足新授课程的阅读文本，立足学习主体的实际经验，结合课程标准要求和新授课程的学习目标，着眼于课堂学习目标达成和学生能力培育，抓住知识认知和技能培育的重点、难点、薄弱点、易错点，渗透学习过程中可能出现的疏漏点、学习方法运用时的阻滞点，融合涉及情感、态度与价值观的模糊点、含混点，全面考量、权衡检测题的目标性、覆盖面、侧重点，设置检测题的题量、难度、梯度，合理命制检测试题。后者则强调检验学生的知识迁移和运用能力，要求检测题克服或纠正学生静态的认知习惯和思维定式，将课堂所学知识蕴含于实际问题的探究解决中，达到在问题解决过程中提高学生运用能力的目的。

其次，检测内容需要注重层级性和易错性。层级性包括两个方面的意思：一是因为学生的知识建构和能力内化的过程是一个由表及里、由浅显到深入、由简单到复杂的过程，所以检测内容的呈现也需遵循循序渐进的原则，先易后难、先基础后提升、先模仿后独创，有梯度、分层次，依序递进；二是因为在学生群体中会存在不同基础、不同学力、不同发展的若干阶层，如果检测内容设计缺乏"以生为本，以学定教"教学思想的指导，不顾及个体差异，"一视同仁"，那在检测过程中就会出现一部分学生"吃不饱"的学习饥荒现象及一部分学生"吃不了"的消化不良现象。所以，在检测内容编制过程中，教师可以考虑通过设置分层检测、多题任选、题量渐进等方式体现不同层次学生的检测需要和可实现性。而易错性指的是检测内容在加强针对性的同时，应当侧重于考查学生在学习过程中容易混淆、错漏、模糊的知识和方法，尤其是关联学生热情维持、思维拓展、能力培养、素养培育的易错知识、易错方法、易错思路等。

最后，检测内容需要具备一定的趣味性和多样性。兴趣是最好的老师，有学习兴趣就会有学习热情，就会产生较强的学习动力。其实，在"问题导学"课型中，相对于合作学习、成果展示，检测反馈环节对学生缺乏足够的吸引力，学生参与的意愿和主动性远不如合作学习和成果展示环节，主要原因是检测内容的枯燥和学生对检测的畏惧。所以，教师在编制检测内容的过程中，在紧扣检测目标的同时，要细心揣摩学生的兴奋点、兴趣点，以贴近学生生活实际和时代发展的故事化、任务化、竞技化、反常化的问题情境，创新检测内容；其次，需要根据不同课型、不同内容、不同题型灵活把握目标检测方式，注重检测内容变式，将巩固性检测、诊断性检测、形成性检测、尝试性检测、辨析性检测、发散性检测交叉配置、灵活组合，形成多样的、有花式的、有情趣的检测题组。

因此，在课前的教学准备阶段，教师要从检测"教"与"学"的目标达成和改进"教"与"学"的策略两个基点出发，编制好检测目标明确、强调能力内化、具备一定梯度、检测点位精确、富有趣味性情境、形式变化多样的课堂检测题组，当堂对所有学生进行统一限时但有区别、有选择的即时检测。

在编制检测题的同时，教师需要拟定指引明确、简便易行的检测评价（评分）标准，用于检测后指导学生自批自评、互批互评、探讨纠错、争先创优的学习过程。检测评价（评分）标准应当阐述清楚每一问题的检测任务指向，明晰问题理解的重难点所在，点拨问题分析的思维方向——尤其是容易误入的思维岔道，指引问题解决的方法路径，说明问题解决之于知识建构和能力培育的意义——总结、归纳、提炼相应的规律性经验。如果检测评价（评分）标准局限于检测题的解题过程甚至仅是一个标准结论，那么检测、评价、反馈的作用都将大打折扣。

学生经过课堂即时检测后，需要在教师的指引下，参照检测评价（评分）标准，进行自批自改自评，或者是学习共同体内部成员之间，抑或是不同共同体之间相互交换的互批互改互评，还可以借助网络时代的现代教育技术手段人机协同批阅评改，当然也可以是教师当堂批改、查阅、抽检，甚至是课后评改。

检测评改结束后，要进行及时最好是即时的评价反馈。检测后的评价反馈是师生双方"教"与"学"的多向、多层次、反复的互动活动，是检测信息在师生之间、生生之间相互传递、相互影响、相互作用的过程。

评价反馈首先是学生的自我评价反馈和生生之间的相互评价反馈。课堂即时检测如果采取的是学生自批自改自评的方式，那学生就要根据自己的检测过程和结果的实际情况，将自己解决问题的过程、方法与教师展示的检测评价（评分）标准或示范样例或优秀学生提供的问题解决过程、方法进行对照、比较，寻找和明确其中的差别和优劣，促使自己对解决问题的结果或过程进行评估和反思，对自己课堂学习的目标达成、学习成效、存在问题有一个适中、恰当、合理的自我评价，参照自身的学习基础和实际学力，对检测结果给予一个合理定位。评价的方式可以是分数、等级，也可以是富有个性的评语、符号。自我评价既要体验成功，树立信心，又要认识不足，反思原因，并帮助自己逐渐建构起更有效的学习策略。

课堂即时检测如果采取的是学习共同体内部成员之间或者不同共同体之间相互交换的互批互改互评的方式，那学生就要根据自己对他人检测的批改结果，对照教师展示的检测评价（评分）标准或示范样例或其他学生（包括自己）提供的问题解决过程、方法，对他人的学习目标达成、学习成效、存在问题作出一个清晰、合理的判断和评价。在批改、判断、评价他人的过程中，要善于发现他人不同于自己的问题解决方法、思路、过程，挖掘别人的优秀之处，并用简洁易懂的言语、手势、图案、符号、文字等表达自己的赞赏、钦佩甚至是激励鼓舞，以增强他人信心、融洽人际关系。同样，对于他人存在的问题，尤其是问题解决的基础性、根本性、关键性的问题理解和思路方法的错误，也应当通过圈、点、写、画等标识方式明确、清楚地标示、说明，并反馈给对方，以提醒对方，促使其改进。与此同时，各学习共同体的成员需将自己在互批互改过程中挖掘的优秀的问题解决思路方法、发现的典型错漏失误、遭遇到的疑难困惑，提供给团队其他成员，并会同团队全体成员进行再一次的合作探究学习，形成团队相对一致的、合理中肯的、充满人性的、能促进他人进步的判断和评价，并反馈给相应的个体。在个人批改、团队合作中，每一个人都需对照他人的优秀，反思自己的不足，发现别人的错误，警示自己，以避免遭遇同样的陷阱歧路，找寻问题解决的最优化策略。

学生自评或者互评都需要将检测结果、存在的问题和团队评价反馈给教师，以便教师通过数据分析和问题汇总，对全体学生的学习情况做一个全面的判断、评估、评价，对典型个案——无论是否优秀——做一个检测分析、样本评点和学习建议，并提供面向全体的或针对个别的补充式或回炉式的学习指引。同时，教师需给予表现突出的个人和小组以表彰、鼓舞和激励，从而培育学生个人的积极性、成就感、进取心和团队内部的合作性、荣誉感、责任心以及团队之间的竞争性、规则感、互助心。因此，在自评和互评结束后，各学习共同体要在教师指引下以团队为单位，选派代表以书面形式——小纸条、黑板展示、典型答卷等——向教师反馈自己或他人团队的检测结果，并口头或书面汇报团队普遍存在的主要问题——问题理解、问题分析、问题解决等整个过程中出现的方法、思路、结论等方面遇到的困难、阻力、错误等。

教师根据数据分析、问题汇总以及各团队给予自己或他人的学习建议，结合课前编制的每一道检测题的目的、内容、难度、效度等，综合考量、分析、评估检测目的和课程教学目标的达成度，并结合数据统计情况有选择、有详略、有技术地就检测题的设计思路、问题指向、检测点位、理解要点、分析思路、解决方法等做好学习指引和思维点拨，并通过整体分析、团队评价、个人点评的针对性反馈，再次展开师生、生生在知识与技能，过程与方法，情感、态度与价值观等方面的交流互动活动。

在教师的评价反馈中，学生学习结果或结论的评价是相对次要的，学生在学习过程中的学习行为、智能发展、目标达成度、非智力品质培育则是评价的重点。前者可采取矫正性反馈策略，引导学生了解自己的错误在哪里、为什么会出现这样的错误以及为什么这样的学习行为导致了通向错误的目标，然后提供关于如何达到正确目标的建议或者提示。后者相对复杂，它所涉及的不仅仅是本次学习过程的得失，更多的是学生未来成长的可能性、可行性、可靠性。因此，教师需要采用分数、等级之外的更为丰富、多样的评价方式，恰当呈现并合理利用检测结果，从满足学生学习获得感、保护学生自尊心、树立学生自信心、激励学生主动进步的角度出发，充分发挥评价的激励、启示作用，努力挖掘学生检测中表现出的优点——哪怕是一些微不足道的进步和闪亮点——并有意识、有针对性地略加放大，用欣赏的眼光和鼓舞的语气认可、表扬、激励他们。这样才能最大限度地促进学生学习力的发展，让学生体会到学习任务完成——即使并不完满——的喜悦感和成就感，激励他们以更主动、更积极、更热情、更饱满的状态投入新的学习任务中。这样的评价反馈的价值远胜于对检测结果的"实事求是"的评判。

在"探究式学习模式"课型中，学习共同体作为其主要的学习组织形式，教师在检测反馈中，从促进团队相互依存、合作互利、共同进步的目的出发，可采取激励团队合作达标和激励个人竞争达标相结合的评价方式，确立新的检测评价标准，重点关注、检测、评价团队内部的组织协调、互助行为、合作过程和共进结果，以及团队的凝聚力、荣誉感、责任心，尤其是后进学生在团队内部受到尊重、接受帮助、主动参与、平等交流、信心增强的存在感和获得感。

检测反馈环节的要求和操作流程如图 3-4-6 所示：

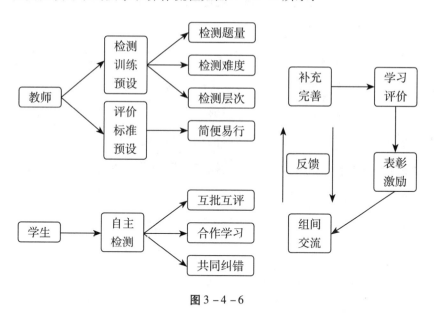

图 3-4-6

六、我的收获

我的收获即每个学生对自己这堂课的一个反思与小结。课堂教学小结环节在相对传统的课堂教学中几乎无一例外地得到了应有的重视，但在新课程改革的课堂教学变革中往往被忽略。

前者是建立在以教材为中心、以教师为中心、以教授为中心的课堂教学观的基础上的，所以，大多数人认为这一环节"是教师在课堂教学结束时对教学内容进行归纳整理和提炼深化的过程""是在完成某项教学任务的终了阶段，教师富有艺术性地对所学知识和技能进行归纳总结和转化升华的行为方式"。这种认知的行为主体是教师，也就是说，课堂教学小结是教师的事情，与学生关系不大，即使有关系，学生也属于被动接受，被"归纳整理和提炼深化"，被"归纳总结和转化升华"，明显缺乏作为学习主体的主动性和自觉性；教师的概括梳理、分析总结、揭示规律、提炼深化都难以转化为学生知识网络的自我建构、内化为学生学习活动的真实体验、升华为学生思维能力的主动发展。所以，不管在以教师为行为主体的课堂教学小结的形式上、方法上、功能上、应用上如何创新，其关注点仍然是在"教"，变化的是"教的方式"，缺乏"学"的主体的参与，其效果仍然是事倍功半。

后者，即新课程改革后涌现的一批新的课堂教学模式却总是对课堂教学小结这一环节视而不见，究其原因，大概是在强调以学生为中心、以学习过程为中心、以合作探究学习为主要学习组织形式的前提下走向了另一个极端，认为学习经历的过程就可以积累丰富的学科活动经验，形成较为满意的知识网络结构，学习体验的过程等同于学习意义建构，领悟到学科重要的思想方法，检测反馈的过程就足以巩固课堂学习习得、提升贯通课堂内外的思维能力。因此，本来一堂"凤头""猪肚"的优质课应该有一个有力的"豹尾"，实际却续了个不声不响的"蛇尾"，或是教师交代学生"再看看"，或是教师言不由衷地进行"深情独白"，或是三言两语草草了事，或是下课铃响匆匆收兵……不只是浪费时间，更是错失了一个机会——激发主体智慧，启迪主动发展。

在"探究式学习模式"课型中，"我的收获"是一个必不可少的教学环节，是建立在"以学生为中心""以学习为中心""以问题为中心"的师生之间合作性建构的基础上的学习小结。小结的行为主体不只是教师，更多的是学生。小结是学生在教师指导下建构知识框架、归纳学习方法、总结学习心得、培养学习习惯的过程，也是学生从教师那里获得中肯评价、不足指导、学习信心和赞许激励的主要途径。因此，学生需要小结的是课程学习内容、方法、成效及不足，教师需要小结的是课程教学过程、小组学习状态、教师导引得失以及小组和个人学习评价，当然，也包括课后思考练习的布置。具体如图3-4-7所示：

图3-4-7

首先是学生的学习小结。学生作为课堂学习的主体，其学习得失是衡量教师教学优劣和课堂质量高低的基本的、关键的指标。而学生的学习得失应该依赖于学生自我建构、自我总结、自我评价、自我反思和教师或同伴的学习指导、学习评价、学习激励、学习启迪的相互作用。因此，学生的学习小结过程实际上是一个学生与教师、与同伴之间多向、多次、多维度、多形式的互动交往过程。它是在教师和同伴的指导帮助下理清知识结构，掌握内在联系，突出重点、突破难点之后的自我知识体系构建过程；是贯通新旧课程的联结脉络和新旧知识之间的内在逻辑，将已经掌握或具备的、正在掌握或具备的和需要掌握或具备的知识与技能，方法与过程，情感、态度与价值观汇聚、整合、重构的学习习得过程；是学生的学习参与、学习体验、学习方法的自觉意识、自主归纳、自觉省悟并使之逐渐成为个人的学习自觉、学习习惯，并以之影响他人，融合于学习共同体的学习规则的过程；是学生通过自我反思、主动检讨或他人提示诱导、警醒告诫，能相对准确地认识并寻找到自己在学习过程中的包括以知识学习为主的智能发展、以方法探究为主的思维发展、以学习参与为主的情感发展和以学习责任为主的品质发展等方面的不足之处，积极主动寻求教师或同伴的帮助并为修正、改进、完善而付出努力的过程；也是学生通过对自己学习过程和结果的评价而获得价值肯定的自我心理暗示，通过教师和同伴对自己的学习努力和进步的认可、表扬而获得学习信心，并以此激励自己更好地投入学习的过程。

需要注意的是，学生的学习小结过程必须在教师的指导下有目的、有指向、有秩序地进行，而不是任由学生自由发挥、各行其是，到最后不知所措、四处碰壁，耗费了时间，却了无收获。因此，学习小结环节中教师的指导有着举足轻重的作用，明确导什么、如何导，决定着学生学习小结的质量和后续学习的效果。在"问题导学"课型的学生学习小结过程中，教师一是要引导学生回顾整个课程的学习过程，简要梳理学习内容，指导学生建构自己的知识网络，归纳总结优良的学习方法，促进学生能力内化；二是要引导学生评估自己的学习状态，发现自己的闪光点，反思自己的不足之处，一分为二地评价自身的优点与缺点，做到扬长补短；三是要引导学生总结自己在团队合作学习中的参与状况，提升自己在团队中的依存感、责任心和贡献度。

其次是教师的教学小结。真正的教师教学小结应该是在教学各环节完整结束之后对整个课堂教学的全面总结和深度反思。这一环节的教师教学小结其实是依附于学生的学习小结而存在的学生学习小结指导，所以，教师对课堂教学内容提纲挈领式的梳理、对教学过程系统程序化的回顾、对学生学习过程简明扼要的评价、对学生学习方法归纳总结式的提示以及对检测结果和评价的针对性反馈等，其目的不是简单重复地再次将教学过程呈现给学生，而是引导学生进行各自或团队的学习小结。学生只有在教师引导下进行自觉主动的学习小结，才能学有所得、结有所获。如果教师忽略了这一点，仅仅是把课堂小结当作一个不得不完成的教学环节，当作以教师为主体的主角戏、独角戏，为小结而小结，那只能浮于表面、流于形式。

需要注意的是，教师的教学小结要充满情趣和智慧。前者指的是教师引导学生学习小结的言语、行为、活动要能够激发学生进行学习小结的热情，树立学生的学习信心，培育学生的团队责任心，凝聚学习团队的向心力，使学生在赏识和鼓励中主动去归纳总结，形成知识的理性升华，达到领悟事理、陶冶情操的教育目的。后者指的是教师要充分发挥教学智慧，在引导学生学习小结时，通过拓宽学科知识系统的边界、延伸学科思维连贯的长度，运用多种形式，由内而外，以疑导思，以旧引新，制造悬念，植入课后巩固练习，为之后的课程学习做铺垫，收到"课虽尽而意无穷"的效果。

"探究式学习模式"课型中的学习小结环节要力避形式化和表面化的现象。形式化指的是小结环节有形式、有步骤，却缺乏小结的具体内容和操作程序及其明确指引，师生都无法准确把握小结的角度和方法，只是满足于将课堂所授的知识简要概述、布置课后作业。表面化指的是学生小结没有落实到课程核心内容和学科思维方法，没有落实到对自身学习状态——尤其是参与合作学习过程的反思，仅仅是停留于零散的缺乏内在联系的知识表征符号的认知和经学习检测而获得分数等级的高低。这是一种低水平的学习小结形态，无法达到引领学生通过小结实现知识自我建构、能力有效提升、情感主动发展的目的。因此，学生学习小结环节，教师指导到位是前提，学生主动落实是保证，时间保障是关键。

作为"探究式学习模式"的课中环节的范式样本，我们认为，一个完整的"探究式学习模式"课型的课中环节一般很难在一个教学课时内完成。在实际的课堂教学过程中，教师可以根据不同学科、不同教学内容、不同课型，灵活变通课堂结构，最根本的是以问题为引导，学生自主、合作、探究学习和教师适时、适度、适量点拨与引导。

第五节　高中数学"探究式学习模式"的课后延伸环节：问题拓展与迁移

　　"问题拓展与迁移"的课后环节是"探究式学习模式"课型"全程三环、课中六步"的最后一环，是"探究式学习模式"课堂的"问题预设与生成""问题学习与解决"的延伸和继续，是已经结束课程和即将开始课程之间的承前启后，是旧的学习问题的发展、深化并向新的认知方向的拓展、迁移。它是课前、课中、课后的问题发现—学习—解决—再生的循环闭合系统的衔接、扣合的关键一环，是已有知识系统融合新的知识要素的生长点、联结点。学生在此环节中，以课后作业为载体，以反思自悟为手段，巩固课堂习得，强化知识建构，拓展问题探究，深化问题学习；教师在此环节中，以教学后记为载体，以反思自纠为手段，明确教学得失，整合问题研究，迁移问题呈现，研发拓展预案。

　　在学生方面，要运用"探究式学习模式"课堂上获得的知识、方法与技能，根据教师指引的课后学习要求和个人学习需求，以课后作业为载体，通过独立思考、借助同伴、小组合作等方式，巩固课堂习得，发现不足，内引外联，补充、完善、强化知识网络的建构；同时，条理清晰地归纳总结出自己在课后作业中依然存在的关于知识认知、思维方法、能力转化等方面的问题，借助课后作业拓展问题探究、深化问题学习。

　　那么，"探究式学习模式"课型中什么样的课后作业能保障学生有效达成巩固课堂习得、强化知识建构、拓展问题探究、深化问题学习的目标呢？有意义、有价值的课后作业。

有意义的课后作业在课堂教学的整体计划中有其独特的存在价值，它是以学生的学习力和成长力为前提，以教师的理解力和促进力为基础，以知识建构和能力培育为中介，以学生情智发展和身心成长为终极目标的一种教学目标指向明确、教师设计理性精准、问题探究价值显著、共性与个性共存互现的有取舍、有区分、有创意的以学为主的课后教学行为。

在现实教学中，无意义化和形式化的课后作业随处可见。其问题主要表现为：课后作业目标指向不明确，缺乏有针对性的设计和取舍，学生兴趣激发和问题探究意识不足，作业同质化或异化倾向严重，如惩罚性或机械性的抄写式作业、纯记忆性或堆积性的背诵式作业、随意性或任务性的抢占时间式作业、无目的或形式性的花哨式作业等。其原因是教师对课堂教学目标认知模糊，对作业价值不清楚或者浅表化。当然，也有教师教学能力不足或是教学懒惰的因素。

其实，从课后作业立竿见影的短期效果来看，它能帮助学生迅速巩固课堂学习习得，夯实思维路径，掌握训练技能，强化方法应用；也能发现学生仍然没有解决的问题，并再次对问题进行深度学习，以达到高标准、高质量完成学习任务的目标。从课后作业循序渐进的中期效果来看，它能够培养学生的自我纠错和自我反思意识、问题发现和拓展探究意识、问题深度学习和联系迁移能力、思维深度发展与思维发散能力。从课后作业长期训练的远期效果来看，它能够在日积月累、潜移默化中培养学生良好的学习习惯，促进其良好品质的形成，使其获得不断成长、完善自我的动力源泉。

因此，教师在设计课后作业时，首先要明确课后作业的意义和价值，有意地将其渗透到每一份作业清单中，并让学生明确完成课后作业的价值所在，以避免学生的厌倦、逆反心理，避免无意义的学习。

其次是坚持问题导向和问题引领。课后作业是课堂学习的延伸和继续，可以将课堂中仍旧存疑、一知半解、似是而非的需要继续深度学习和强化训练的知识技能、方法思路隐匿或蕴含在课后作业中，做到"有问题—深度学习—解决问题—巩固提高"。

最后是注重课后作业的问题延伸和拓展迁移。课后作业要能够起到承前启后的作用，既要让学生在作业中巩固旧知，又要将旧知问题延伸到新课程的学习文本中，让学生通过旧知接触新知，从而生发对新知的疑惑和探究的学习欲望——预读和试解，形成问题学习的主动拓展和自然迁移。

与学生相对应的是教师在课后环节的问题拓展与迁移。教师对课前教学准备环节、课中问题解决环节以及教学目标达成效果进行反思，以教学后记为载体，记录好自己的收获、失误、困惑、体悟和自我建议，梳理、整合师生在"教"与"学"过程中仍然存在或者可能存在的问题，结合已经结束课程的复习巩固和即将开始课程的课前准备进行纠错预案研发，尤其是对课堂突发事件——学生彼此之间的思维冲突、独辟蹊径的文本理解、不着边际的问题呈现——要有进一步的"回炉"预案；同时，对学生可能还存在的知识建构、学习技术、能力提升等方面的问题进行整合融通，将问题迁移呈现到精心设计的有意义、有价值的课后作业中，形成新的问题学习和解决过程。

如何在"探究式学习模式"课型中保障教师有效达成明确教学得失、整合问题研究、迁移问题呈现、研发拓展预案的目标呢？那就是教师充满教育智慧的课后反思。

课后反思是教师以自己的教学活动为思考对象，对自己的教学行为以及由此产生的结果进行审视、分析和自我纠正的过程。由于教学过程的动态性、复杂性、多变性，课堂突发情境的偶然性、多样性、戏剧性，对于许多教学细节，教师在进行教学设计时很难做出准确的预料和相应的预案，课堂突发情境往往会出乎教师教学意料，与教学设计脱节甚至背离，偏离教师教学引领方向，因而影响课堂的教学目标达成、教学活动组织、教学程序推进、教学方法调整以及学生学习积极性调动、学习参与热情、学习任务完成等。因此，教师在某一相对完整的课程教学流程结束之后，有必要借助课后反思及时将教学设计中未能预料而在教学过程中直接影响教学组织的新情况，教学过程中师生"教"与"学"活动中出现的创造性的成功经验和教学机智，教师导引过程中出现的不足、失误甚至失败，教学组织过程中因师生、生生思维碰撞形成的新的学习问题，课堂教学的即时效果和可持续性的教学效应等记录在教学后记中，以利于后续教学的发扬或改进。课后反思是教师的自我反思，能真实地记录教师自己在教学活动中的真实情况和感受，帮助教师及时总结经验，解决问题；课后反思有助于教师从正、反两方面及时总结课堂教学经验教训，有效增强教学效果，提高专业能力水平。

首先，通过教学反思明确教学得失。成功的教学经验体现了教师从不同的角度和深度去把握教材，以恰当的方法和表现力设计教学活动的能力，是一种创造性的教学经验。成功的教学经验包括教学方法的选择合理和运用得当，思路清楚、层次分明、导引巧妙、自然和恰当，师生双边活动开展活跃，突破难重点知识教学的好方法，能激发学生思维的提问；同时包括课堂上诸如引发学生共鸣的问题理解、巧妙的问题学习思路、富有创意的导引方法、和谐共生的教学组织、偶发事件处理的智慧火花、学生另辟蹊径的问题学习解决路径等灵光一现、难以刻意复制的教学机智。同时，课堂教学是师生、生生动态变化的多边活动，不确定性和偶发性因素往往会引发教师教学组织、学习引领、方法运用的失误、遗漏、不足和教学困惑，教师在课后反思中及时总结归纳、记录在案、认真反省、吸取教训。对教学得失的及时反思、持之以恒、日积月累，可以提高教师的专业能力，形成自己独特的教学风格。

其次，通过教学反思整合问题研究。教师通过课堂观察、检测反馈和学习小结等多层面、多角度、多次数地了解学生的困惑，梳理存在的问题，进行必要的归类与取舍，从问题预设与生成、问题情境呈现与适切、问题学习与解决、教师指导与引领、学生自主与合作、学习团队的学习组织与进程等多方面进行深刻的反思、探究和剖析，分别探究问题产生的原因，并吸纳学生的学习建议和意见，以便通过教学后记将散乱、感性的问题认识进行归纳总结，找出其基于学科思想、认知科学、教育心理学、教学法的"出错规律"，重新审视自己教育教学的思想依据，尝试从自身的教学目标设定、教学策略应用、教学组织方法、师生双边沟通等方面进行调整改进，并形成理性的、目标明确的、可操作的、有实效的纠错方案或教学再设计。

再次，通过教学反思迁移问题呈现，即教师在明确教学得失、整合问题研究的基础上，如何将经过梳理、整合、剖析、探究而形成的教学之"失"的解决方案再次呈现在新的教学内容中，让学生在新的问题情境中得到启迪、取得突破。这就需要教师以极大的耐心和细心、宽广的教学视野和较好的专业素养，吸纳、融合他人的成功方法，将性质不同的老问题蕴含于目标匹配的新情境中，以课后补充作业、有针对性的个别辅导、作业分类讲评、阶段小测或新课程问题预设等方式呈现给相应的学习个体或群体。

最后，通过教学反思研发拓展预案。研发拓展预案是教学反思的最高境界，是教师教学自觉的充分体现，是教学反思在明晰而正确的认识指导下，在情感上真正接受反思思想，从而激发起反思纠错的内在动力，进而产生的高层次的具体反思纠错行为。这种基于教师职业道德修养的内在动力而产生的激励作用要远远大于外部约束的激励作用，它将鼓舞、激励教师自觉自动地将教学内容前引后联、将学习问题纵横拓展、将方式方法融会贯通，创设出新的学习情境，翻转出新的学习组织形式，及时、真实地将问题学习拓展到新一轮教学过程中，并通过新的思想和新的策略来解决拓展的问题，以验证上一阶段所形成的纠错假设和纠错方案。在验证的过程中，教师又积累了新的经验，发现了新的问题，开始了新的循环。

以"全程三环、课中六步"为基本的结构框架和活动程序的"探究式学习模式"课型就是基于"以生为本、自主探究、合作共赢"的教学理念，以"探究式学习模式"为载体，以学生自主、合作、探究学习为重点学习形式的课堂高效教学模式。无论是教学准备的课前环节，还是教学实施的课中环节，抑或是教学转化的课后环节，我们始终需要树立学生是认知主体和发展主体的思想，着力于"师教""生学"方式的转变，努力激发学生学习的内在动因，促进学生学习主体的回归和学习能力的提高，促进学生的主动发展和互助发展；充分发挥问题主导、教师引导、生生互导、过程督导的作用，把学习主动权交给学生，把发展空间还给学生，使学生在民主、对话、探究、互助、反思中得到知识的积累、能力的提高、素养的培育、个性的发展，最大限度地提高课堂教学效率和人才培育效能。

高中数学
"探究式学习模式"的
集体备课

第四章

第一节　集体备课的内涵及其主要特征

备课，就其本义而言，是教师为了上好课，在课前对教学目标、内容、时间、过程以及其他教学各要素的优化组合而预先设计教学的各项准备活动，它主要包括钻研本门学科的课程标准、教科书和相关的参考资料，了解学生学习的实际情况，研究教学方法，编制教学进度计划和撰写课时计划（教案）等。它不是教师对教学内容的简单熟悉、理解和补充，也不是对教学过程的随意选择和组织，更不是对教学实施方案的粗制滥造，而是一个结合课程教学标准将教学内容内化为自身认知结构、活化为自我知识创新、转化为自身能力培育的过程，是一个对学生学习现状的精准把握、对学生学习过程的精心设计、对学生学习结果的不懈追求的过程。

集体备课则以学科组或年级学科备课组为单位，组织教师充分发挥集体智慧，开展集体研读课标和教材、分析学情、探讨教学内容、制订教学计划、分解备课任务、设计和审定教学方案、反馈交流教学实践信息等一系列教育教学研究活动。学校教学备课活动正在经历一场从独立备课到集体备课，再从集体备课向个人二次备课转型的变革。集体备课强调教师之间基于合作探究而寻求教学真义，强调优秀教学资源与教学经验的共生共享，强调凝聚群体智慧生成和创造新的教学方案。从个体备课到集体备课的转型，实质上是实现教学从注重技术、技巧、方法的安排到注重科学、艺术和创造的融合，实现由"我的教学"向"我们的教学"的转变。它具有明确的目的性和程序性、典型的合作性和共享性、深入的探索性和反思性的特点。

一、目的性和程序性

目的性是人类活动的结果指向，通常指行为主体根据自身的需要，借助对客观世界的认知经验和改造、征服世界的臆想而事先假设的行为结果。它是一种观念形态，反映的是人对客观事物的实践意愿。程序性是人类活动的过程流向，通称指行为主体为实现特定目标或解决特定问题而设置的由一系列活动行为组合而成的路径。它是一种过程形态，反映的是人对客观事物的实践行为。目的性强调的是"为什么而做"，程序性强调的是"怎样来做"。学校的教育教学活动中的集体备课需要且明显具备明确的目的性和程序性。其目的性主要表现为：通过备课组发扬团队协作精神，形成团队智慧合力，组内成员各自进行对新授课程的文本理解和基于课程标准的内容解读，结合自己的教学经验、成果乃至以往的教学失误，立足学生的实然学习力和应然学习目标，在组内依次分享自己对新授课程的教学思考、意图、构想和课程资源利用，借鉴、取舍他人的备课获得和教学资源，吸取他人的智慧灵光和精妙之想，形成最优化、最有效的课程教学方案，达到促进自身专业成长和提高教育教学效果的目的。教育教学效益的最大化是集体备课的核心价值取向，也是集体备课的根本目的所在。教师通过合作、探讨、实践等途径，通过参与者思想火花的碰撞、集体智慧的分享、精华糟粕的取舍，加深对教材的理解和认识，拓展教学的方法与思路，进一步优化、提升和再创造自己的教学设计，更好地适应学生的学情，以更好地体现自己的教学个性，不断改进自己的备课水平，优化自己的教学行为，从而提高教育教学效果。

集体备课的程序性主要表现为：为了切实有效地提高集体备课的效率和效益，体现备课组的集体价值取向，在传统意义上相对窄化的集体备课活动中嵌入基于新课程改革和合作学习理论要求的、具有前因后果式关联的程序要素，并按关联顺序确定各要素的先后，然后依据这种贯穿于整个教学过程的程序性思维规划、落实、反思、修正集体备课全过程。目前，集体备课在学校最为普遍的实践操作程序是：个人研习、独立备课→集体研讨、互动对话→专人整理、形成方案→个人反思、二次备课→教学实践、教后反思。这种操作程序强调教师个性化备课在集体备课中丰富他人教学资源和自省视野、赋予他人教学启迪及经验借鉴的程序性意义，即教师在集体备课之前通过独立对新授课程的文本理解和内容解读，融合自身的教学经验，预设教学目标、教学资源、教学方法和教学程序，形成初步的教学预案，并在集体研讨时呈现给他人，作用于他人对自身教学预案的思考、借鉴、修正。这种操作程序还强调集体备课对教师推崇共同的课程价值理念、全面提高课堂教学质量、促进教育教学效益最大化的程序性意义，即教师通过集体备课时的集体研讨、互动对话程序让所有参与者交流、互鉴、沟通彼此对新授课程的教学认知、期望目标、运用技巧和实施过程，使个体的教学资源在交流中得以积累、辨析、选择，教学设想在互鉴中得以审视、比较、取舍，教学方案在沟通中得以优化、完善、创新。

二、合作性和共享性

合作是指教师个人与个人、团队与团队之间为达到共同的教育教学目的，彼此交融、相互协作的一种教学行动和方式；共享是指教师将教育教学信息、资源、经验、智慧及其控制权、所有权通过集体备课的形式与其他教师共同拥有、共同使用的一种教学活动。这是基于学校甚至是全体教师对教学效果追求的价值目标和教师个人教学经验、智慧对他人的依赖需求相互作用而形成的集体备课的两个典型特征。前者是当独立备课遇到无法突破教学质量提升瓶颈的困境时，教师需要寻求一种突破现状、提升自我的有力支撑和向上阶梯，而当学校整体课堂教学水平遇到大面积的停滞不前的窘迫时，也需要寻求一种摆脱困窘、再上一个平台的助推力量。这个时候，集体备课的个体自觉地意识和学校行政推动就相互应和、应运而生了。教师通过主动自觉地参与团队的集体备课活动，在他人的教学信息、资源、经验、智慧的启迪、诱发下，激发出个体创新意识和共同探讨的积极性，在教学的创造性和生成性上形成远胜于个体的集体智慧和创造能力，产生教师团队共同努力而实现的合力效应，有效地克服了教师个人备课所显现的围城转圈的弊端，从而突破瓶颈、提升自我，并提高课堂教学效益和质量。

集体备课的共享性则表现在教师合作协同过程中的共享意识、共享资源、共享过程和共享结果等多个方面。首先是共享意识的自我培养和自觉形成。教师在寻求突破现状、提升自我的教学支持时，主观上除了产生对他人和集体备课的依赖，也会产生向他人表达、展示自己的欲望；而向他人表达自己诸如对课程标准解读、对文本内容理解、对教学目标设定、对教学资源取舍、对教学方法运用、对教学过程组织、对课堂检测设计等方面的迷茫、困惑时，或者向他人展示自己通过独立思考、查阅资料、过往经验而形成的不完整、不满意的教学预案时，客观上都给他人提供了备课的教学资源、教学借鉴和启发。这种始于无意识、不自觉的共享行为在获得一定的响应和支持后，往往就会转化为教师共享意识的自我培养和自觉形成，它是集体备课形成合力效应、产生教学价值的基础。其次是共享资源。因为教师个体教学信息的来源不完全相同，对教学资源的搜集、甄别、取舍、整理、利用的标准和结果也不尽一致，所以，集体备课也是备课组成员之间教学信息交流、教学资源互鉴的一个过程，通过共同贡献、彼此交流、相互比较，形成相对一致的有利于高效教学的选择标准，积累备课素材，共享备课资源。再次是共享过程，即共享集体备课的过程，包括主动分享自己的所有、所思、所悟，静心聆听他人的陈述，对他人陈述发表基于个人经验和认知的意见或建议，在这些过程中因他人智慧启迪而获得新思路、新方法、新策略，对最后形成备课组的课程教学方案提供自己的智慧等。这些都是智慧共享、博采众长的过程。最后是共享结果，共享结果则是共享资源、共享过程之后的水到渠成。集体备课最终的主要物化成果之一就是课程教学方案，这个方案是全体备课组成员真诚合作、优势互补的集体智慧的结晶，是应用于课堂教学的指引和范式。教师在教学实践中需要根据自身的教学风格、课堂习惯和教学班级学情，基于集体备课形成的课程教学方案的指引进行个人反思、深度开发、二次备课，仔细思考，自我消化，取长补短，有所取舍，把集体备课结果融入自己的教学设想，修改或重新研发适合个人教学实际的个人教学方案。

三、探索性和反思性

集体备课的探索性是指在集体备课中有组织、有目的地使参与集体备课的教师通过科学探究的方法，解决教学中的实际问题，掌握并形成对文本知识的深层理解和前后贯通，对教学目标的准确预设和路径生成，对教学资源的甄别取舍和有效利用，对课堂结构的精细建构和任务分解，对教法学法运用的有的放矢和精准施策等。作为解决教学问题有效途径之一的集体备课，需要教师在积极参与的过程中发现教师备课中存在的问题和困难，通过彼此之间有目的、互助性的合作探究，创造性地解决问题，才能为课堂教学的有效实施奠定坚实的基础，所以，深入研究的探索性是集体备课的特征之一。它在集体备课中具体体现在教学目标与课程标准的统一性探究、教学资源利用与教学过程结构的契合性探究、教学文本的重难点突破与学生实际学习力的一致性探究、教学目标达成与教学活动组织的匹配性探究、课堂检测或课后作业与教学问题反馈的真实性探究等。

反思性特征指的是集体备课中体现出来的个人反思和集体反思。因为集体备课是建立在教师个体独立思考、初步备课的基础上的，所以其反思性表现为教师个体通过集体备课活动对自身独立备课的反思和修正，也表现为对备课组所有教师的独立备课的集思广益和集体反思。作为相对独立的教学个体，教师需要在集体备课活动中通过对他人阐述的教学活动举措及其背后的理论假设的积极、持续、深入的理性思考，查找、发现自己独立备课时存在的问题和缺漏，并主动寻求、借鉴相应的策略来解决。作为集体备课的合作互助者，教师通过对他人教学预案设计依据、过程、结果的了解、把握，整体反思备课内容的全面性、目标设置的科学性、运用手段的合理性、教学流程的逻辑性、教学策略的有效性、目标达成的可行性以及检测反馈的客观性等，然后通过集体合作，相互协调，集思广益，博采众长，去粗存精，去伪存真，形成教学价值观一致、课堂结构相对稳定、教学资源利用效益最大化、教学效果最优的课堂教学方案。

当然，教师个体也需要在聆听、交流、共享的过程中通过反思准确辨析他人的教学预设存在的问题或不足，并以自己的教学经验和备课智慧帮助他人寻求解决策略，促进集体备课的深刻性、价值性、高效性，真正实现由"我的教学"向"我们的教学"的转变。

第二节　传统课型备课的重教轻学现象

传统课型以教材为中心、以教师为中心、以教授为中心的特点决定了教师个人备课和集体备课的"教为本位"的备课理念。"备教材""备教法"成为传统课型备课的核心，基于文本内容（教材）的知识认知、重点难点的确立与突破、文本内容解读与传授过程、教师解读与传授方法、课堂或课后检测练习的设计等成为备课的必备和重要元素。目前，有一种流行于学校教育教学实践中的备课原则叫"四备法"，即备重点、备难点、备教法、备作业。其指导思想的实质就是"教为本位"，这也在《中国大百科全书·教育》关于"备课"的解释条文中得到了印证。

《中国大百科全书·教育》对于教师备课工作做了罗列式陈述：钻研教材，了解学生，组织教材和选择教学方法。此外，还要准备有关的教具和设计板书等。

（1）钻研教材，包括钻研教学大纲和教科书，阅读有关参考书。通过钻研教学大纲，了解本学科的教学目的，掌握教材体系、基本内容和教学方法上的基本要求，统观全局，抓住主线。为了掌握教材，教师还要阅读有关的参考书，不断积累资料。

（2）了解学生，包括了解他们对一定学科的有关知识、技能掌握的范围和质量；了解他们的学习兴趣和学习态度；了解他们的思维特点、自学能力和学习习惯等。在了解学生的基础上，预测他们在学习新教材时可能出现的问题。

（3）组织教材和选择教学方法。组织教材，一般要求做到条理清楚、层次分明、逻辑谨严、重点突出、观点明确、论据充足、难易适度、详略得当；选择教学方法，主要根据具体教学任务、学科的性质和教材的特点以及学生的年龄特点等来考虑决定。（《中国大百科全书·教育》，中国大百科全书出版社，1985年版，第20页。）

这三点就是我们通常所说的备教材、备学生、备教法。其根本要义是：教材即教科书，钻研教材主要是钻研教科书；了解学生，是为了便于"预测他们在学习新教材时可能出现的问题"；组织教材，实际上是按照教科书讲授；教学方法即教师教的方法，选择教学方法，是在不同的教法中做出选择。这种备课观念与课的性质有关，课以教科书为本，上课即教师教的活动，教的活动旨在使学生掌握教科书中的知识，备课是围绕教科书进行的上课前的准备活动。这就是典型的以教为本位的备课模式。

在以教为本位的集体备课模式的个人研习、独立备课环节，教师基于个体认知经验和学习能力，借助教学辅助资源，对新授课程文本内容及与之相关联的课程教学要求进行个性化解读，确立带有明显个人特征或风格的课程教学三维目标和教学重难点，并在粗略了解学生的基础上，简单预测学生在学习新授课程时可能出现的问题，选择相应的教学方法，模式化地建构课堂教学结构。这种封闭式、自娱式、经济型的以教材为中心的个人备课可以提高备课效率，也可以彰显教师对教材文本理解的独到性，但往往会助长教师自以为是、各自为政、自我感觉良好的不良心理，而对于缺乏经验或教学自主能力欠佳的教师，个人备课会使他们的教学陷入"教学即教教材""非教材无教学""教材决定教学"的误区。

在以教为本位的集体备课模式的集体研讨、互动对话的核心环节中，教师基于共同的质量目标和合作互助的责任感对新授课程进行集体备课活动。集体研讨的主题大多侧重于对文本内容的解读、教学目标的预设、教学过程的建构、教学资源的选择等，互动对话的内容大多侧重于对课程教学重难点的理解和确立、对教学资源真伪和运用效力的比较和甄别、对课堂教学程序细节的调整、对课堂检测练习和课后作业布置的选择和取舍等。整个集体备课活动围绕教材，立足课堂之"教"，以"教"的效果和便利为主要目的进行交流、探讨、互助。其目的指向性也相对明确，即通过集体研讨最终形成由专人负责整理的具有普适性的课堂教学方案。方案从教学文本出发，即从教材出发，通过研读文本，即组织教材和教法的选择，最后落脚到完成文本教学，即理解教材内容、掌握教材知识。虽然集体备课为教师提供了开放性的备课环境和备课资源，让教师在合作探究和互助反思中共享集体智慧，但常常受制于"教为本位"的备课理念，对学情研究和学生"学"的研究相对较少，前者如学生的实然学习力、应然学习目标、理想教学目标三者之间是否能够有效衔接、如何衔接，学生学习兴趣点、能力点、持续点与教学预设的重点、难点能否形成一致性、如何形成一致性，学生学力差异、个性差异、发展差异与教学预案中差异化教法、差异化检测、差异化作业能否匹配等；后者则包括对学生课堂学习组织形式、学习过程架构、学习活动设计、学习方法导引、学习参与督促、反思小结指导等方面的研讨、探索、析疑、互助，直至形成有实效、可操作的教学预案。这些都是"教为本位"备课理念指导下集体备课中存在的明显缺失和不足，概括起来，就是重教轻学的问题。

一、重教师，轻学生

重教轻学表现为备课时的重教师，轻学生。传统课型的备课多是基于教师本位主义，教师从自身的专业基础、认知水平、理解能力出发，通过对教学文本的阅读、理解、分析，立足自己过往的教学积累和经验习得，结合课程标准要求，搜集、选取、整理"自以为是"的相关教学资源，经验性或愿望式地确立课程教学三维目标，选择符合个人教学喜好的教学方式来组织教材、建构课堂。在此过程中，教师的关注点基本上集中在个人的经验、习惯、喜好上，而较少关注学生的经验、习惯、喜好，这在集体备课活动中体现得尤为突出：教师更多的是在个人独立备课的基础上与他人探究对文本的深度理解，分享基于文本分析的教学资源，交流传授理解文本意义的经验或看法，很少有人去关注、研讨学生应该如何阅读理解课程文本，学生对文本的兴趣点、疑难点、易错点可能出现在哪里，学生希望或需要在此文本中收获什么，如何组织学生通过何种形式使不同层次的学生都有所发展等。其实，教育教学的最终目的是学生的成长，备课属于教育教学的基础性工作，是能否达成学生成长这个目标的关键甚至是决定性因素。如果在备课中忽略了对学生课堂主体地位的考量，忘记了备课的根本要务，这样的备课充其量就是为了"教"、为了"上课"的低效甚至无效的备课，为的只是完成教学任务、把课程讲完而已，谈不上"教书育人"的教育目的。

二、重教材，轻学材

重教轻学也表现为备课时的重教材，轻学材。教材是依据课程标准编制的、系统反映学科内容的教学用书，是课程标准的具体化，是教师有目的、有计划、有组织地对受教育者的身心施加影响并将其培养成为社会需要的人才的课堂教学的凭借。教材在教学中的地位不言而喻，认真研读教材、领会教材意蕴、把握教材指向、用好教材资源是备好课的关键，任何忽视甚至抛弃教材及其作用的备课都是"伪教学"。但要注意的是，教材不是教学的对象，教学不是教教材；教材也不是备课的唯一凭借，备课除了备教材还需要备"学材"。在"教为本位"的传统课型备课中，重教材、轻学材的现象随处可见：把教材当作课堂教学的对象，将教学目标定位于对教材表征符号的认知和熟能生巧的重复训练，将课堂结构建构为对教材进行庖丁解牛式的逐层逐步的剖析、分解，甚至课堂检测、课后作业都是对教材认知、理解的巩固强化；教师教教材、学生学教材，教材成了课堂"教"与"学"的唯一，而对于"学材"视而不见或置若罔闻。"学材"主要是指来自学生的教学素材，是教师备课资源的主要来源之一，包括学生学习基础、学习状态、学习愿望等学情资源，也包括学生在过往课程学习中反馈的问题、贡献的智慧、偶发的冲突和思维的碰撞等学习资源，还包括学生在新授课程预习过程中查找到的学习辅助资料、在文本阅读理解中形成的疑难困惑、在问题学习或独立解决过程中的奇思妙想等学力资源。这些有针对性、现实性和独特性的"学材"都是教师备课时最贴近教学实际、最能激活学生学习动力、最有教学效力的备课素材。如果教师能及时、巧妙地捕捉、搜集、整理、运用这些"学材"于备课之中，备课将会呈现班级学情的特色性和教师智慧的独创性，教学将会起到事半功倍的效果。

三、重教法，轻学法

重教轻学又表现为备课时的重教法，轻学法。教学方法是教师组织学生进行学习的步骤、程序、规则、方式等，包括教法与学法。教法起着组织、控制、激发、引导、示范、说明、概括、评价等作用，学法起着主体、目的、内化、发展等作用。教法和学法是有机联系、不可分割的整体，有什么样的教法，就会有某种相应的学法。作为师生"教"与"学"关系的重要组成部分，教法与学法的关系是教师备课、课堂教学、课后辅导各环节所无法回避且须着重研究的一个问题。在教学中使教法与学法融合的整体功能最大化是提高教学质量的主要途径。教学实践证明，教师在课堂上采用什么教法，学生也必然采用与教法相应的学法。教师如果采用照本宣科填鸭式的教法，学生也就采用死记硬背的学法；教师如果采用启发式的教法，学生自然地会采用独立思考探索新知的学法。这是教学上的上行下效。在"教为本位"的传统课型备课中，"教授是中心""教法是中心"，教师考虑更多的是如何凭借自身的教学经验和能力将自身对文本的理解传授给学生、如何在规定的课时内完成所有的教学任务，也就是我如何"讲完"、如何"讲好"，至于学生如何"学完"、如何"学好"则考虑甚少。而且，在集体备课中，教师研讨互动的重点几乎都集中在教学文本个性化的深度理解和教学方案的最终形成上，而对关乎教学方案如何落实到课堂教学并形成良好教学效果的教学方法尤其是学生的学法，研之甚少、言之甚少。因此，教师备课过程中的教法选择更多地集中于以教师语言传递信息为主的讲授法、串讲法、推导法、论证法、谈话法、读书指导法、教师演示法等，而明显呈现在教学设计中的学法选择则少之又少。在教学实施过程中，处于被控制、被指导地位又缺乏学习自觉性和主动性的大部分学生，对于学习方法的选择只能跟着教师亦步亦趋，在教师以语言传递信息为主的教法的主导下，学生基本上采取以信息接收、被动填灌、死记硬背为主的学法，如此，教学的效果可想而知。

四、重"教"的过程，轻"学"的过程

重教轻学还表现为备课时的重"教"的过程，轻"学"的过程。教师"教"的过程和学生"学"的过程本身就是一个相互依存的辩证统一体，教师教的目的是促进学生的"学"，学生"学"的效果是促使教师改进自己的"教"，二者相互作用，互为影响。苏联教育家巴班斯基认为："只有在师生积极的相互作用中，才能产生作为一个完整现象的教学过程；割裂教与学的联系，就会破坏这一过程的完整性，使其丧失存在的基本特征和条件。"因此，教师在备课阶段需要同时重视"教"的过程和"学"的过程的研究、构想与预设，使"教"与"学"的过程同步、"教"与"学"的行为同步、教师主导与学生主体同步。否则，最优秀的"教"也会因为没有"学"的跟进而发挥不了任何效益，最勤勉的"学"也会因为没有"教"的指导而失去事半功倍的机会。然而，在"教为本位"的传统课型备课中，"教材是中心"，教教材是课堂教学的重点，教好教材成为教师备课的第一要务，设计教教材的课堂教学方案是备课的落脚点。无论是教师独立备课还是集体备课，教师思考、探讨、规划的是整个课堂的"教"的过程，学生"学"的过程似乎附属于教师"教"的过程。也就是说，教师备课时在主观意识中就已经将"学"的过程隶属于"教"的过程：教师教什么，学生就学什么；教师教到哪一环节，学生就学到哪一环节；哪个知识点如何教，学生就如何学；这个知识板块教多久，学生就学多久……教学过程中的所有环节、细节都是由教师掌控的，教师的主导作用得到淋漓尽致的发挥，"教"之于"学"的影响发挥到了极致。作为教学过程另一面的"学"的过程在教学方案中几乎找不到多少痕迹，学生学习的主体地位很难得到较为明显的体现——教学过程在备课环节就成了单纯"教"的过程。这种重教的过程、轻学的过程的备课结果就是教师对自己课堂"教"的流程胸有成竹、一清二楚，能够按部就班、一丝不苟地完成课堂各项教学任务；而对于学

生的"学"则茫无头绪、束手无策,只好视而不见、漠不关心。

五、重"教"的结果,轻"学"的结果

重教轻学还表现为备课时的重"教"的结果,轻"学"的结果。我们经常说,传统教学往往会重结果、轻过程,仔细分析这个"重结果"就会发现,教师主观愿望所重视的当然是教学质量的提升,是学生的全面发展,也包括学生学业成绩的提高;但教师的教学行为所表现的却是重视教学任务的完成,是教师教学环节规划的落实,也包括教师课堂教学方案的制定。在"教为本位"的传统课型备课中,教师侧重考虑的是能不能完成教学任务,如何完成教学任务,完成教学任务需要哪些教学资源、哪些教学环节、哪些教学手段,最后要形成什么样的课堂教学方案、如何形成、怎样落实等;而对于学生"学"的结果,诸如课堂学习中能否理解并跟随教师的教学讲授和指引、能否把握教师推介的教学资源的学习价值、能否按教师的要求完成课堂学习任务、能否在教师引领下解决自己的学习问题、能否达成教师期盼和自己期望的学习目标等,教师个人或集体备课很少顾及,也语焉不详。这是备课研讨探究浅表化的典型表现,因为对于"教"的结果,教师容易计划、调整、把握,而对于"学"的结果,则需要在结合具体学情和课堂无法预知的变量因素对"教"的计划实施的有效性影响进行反复、多次、深入的反思的基础上进行预测评估,然后对"教"的计划进行调整、修正。相对来说,这是一个比较艰辛、耗时的过程,在备课中有意无意地被教师忽略了。所以,在平常的课堂观察中,我们常常会产生一种错觉:教师的教学目标清晰、定位准确,教学内容剪裁得当、难易适中,教学过程逻辑严密、结构紧凑,教学资源整合有效、运用得当,课堂调控宽严相济、张弛有度,学习指引启发性强、效果明显,教学语言准确精练、有感染力,教学课件制作精美、有吸引力……总而言之,这堂课上得很不错,教师教学水平高。可是,从课堂学生学情观察和问题解决的角度来看,教师教完了与学生学完了、教师教清楚了与学生学清楚了、教师教得好与学生学得好不一定呈正相关的关系,反而是那些教师在讲台上津津乐道与学生在讲台下茫然无知、教师

兴致勃勃与学生昏昏欲睡、教师口若悬河与学生哑口无言、教师积极投入与学生消极应付等种种"剃头担子一头热"的场景时时可见。问题出在哪里？根本原因是"教为本位"的教学观念，直接原因是教师在备课过程中重"教"的结果、轻"学"的结果。从教育的最终目的"促进人的全面发展"来看，备课应该立足于学的结果而非教的结果。

第三节 "探究式学习模式"
课型备课的主要特征

　　"探究式学习模式"课型是以问题为中心,以问题发现、问题生成、问题解决为主线,以师生围绕问题共同开展自主、合作、探究学习为主要学习方式的一种高效学习形态。课堂突破传统教学模式中师生之间教师是主导、学生是主体的地位关系,整个课堂都是师生围绕问题开展自主、合作、探究学习。"探究式学习模式"下的课堂,教师和学生之间不存在主导和主体的关系,而是倡导师生地位的"同构"性,教师和学生都是问题学习的主体,是平等的发现者、合作者、探究者、解决者和分享者,教师由显性主体逐步转变为隐性主体,相应地,学生由隐性主体逐步转变为显性主体,整个过程侧重于对师生课堂角色认知、行为习惯、思维方式的重构。整个过程中教师也是一个受益者、成长者。其主要特征是以课堂的问题学习为中心,以师生为课堂问题学习的共同主体,以学习共同体为主要学习组织形式,以师生平等合作共同开展自主、合作、探究学习为主要学习方式,目的是使学生学会发现问题、生成问题、解决问题,培养学生的创新思维能力、合作能力、交往能力、实践能力和创造能力,最终学会终身学习。因此,把握"探究式学习模式"课型的主要特征,落实"探究式学习模式"课堂的教育教学目的,是"探究式学习模式"课型备课的前提和基础。

　　"探究式学习模式"课型以问题学习为中心,与以教材为中心、以教师为中心、以教授为中心的传统课型相比,"探究式学习模式"课堂在坚持教师主导、学生主体的基础上，更注重于问题学习、合作学习、学习共同体的研究和落实；与传统课型"教为本位"的备课理念相比，"探究式学习模式"课型的备课更倾向于"学为本位"的理念，即以学生为本、以学习为本。备学生、备问题、备情境、备学法、备反馈是"探究式学习模式"课型备课的核心，基于教学内容和教学目标的问题转化、问题学习与解决的问题情境设计、学生学习活动和方法、教师教学组织与引导方法、教学活动中学生的问题生成与整合、课堂"突现"情境预测、针对性的课堂和课后训练等成为备课的必备和主要元素，也是"探究式学习模式"课型备课有别于其他课型备课的主要特征。

一、备学生

建构主义学习观认为，学习是学生自己建构知识的过程，学生不应简单被动地接受信息，而应主动地建构知识的意义。建构主义教学观则认为，教学不能无视学习者已有的知识经验，不能简单地、强硬地从外部对学习者实施知识的"填灌"，而是应该把学习者原有的知识经验作为新知识的生长点，引导学习者从原有的知识经验中主动建构新的知识经验。因此，教师基于"问题导学"课型的备课活动，在"学为本位"的备课理念指导下，需要通过平时长期观察学生、倾听学生、发现学生并与学生积极互动等方式，加以历年教学经验的积累，认真、细致、深入地研究、分析、掌握全体学生甚至是每一个教学对象对学科学习的已有认知基础、知识基础、能力基础、情感基础，即学情分析，并以此作为教学的起点，结合学生现时的学习状态和面对新知的学习能力，通过教学方案设计准确定位适应不同层次学生能力发展的学习目标，合理裁剪能激发学生学习热情的教学内容，有效整合有利于学生完成学习任务的教学资源，科学选择符合学情的教学方法，精心设计能促进学生不断获得成功体验的教学过程，多向模拟不同层次学生在学习过程中的矛盾冲突，引导学生在原有的知识经验基础上借助自主学习和与他人的合作互助主动建构、生成新的知识经验。

除了基本的学情分析，"备学生"还需要加强对学生个性差异的研究、分析，使得备课更具针对性、实效性、普惠性。学生的学习力、理解力、接受力、兴趣力、意志力的差异是客观存在的，是不会因教师的一厢情愿或一视同仁而改变的。教师在备课时需要承认差异、尊重差异并立足差异，从学生个体的实际情况出发，有的放矢地在教学方案设计中分层、分类布置学习任务，因人、因材设置学习目标；同时要利用多种教学资源和学习方法，积极创设师生之间、生生之间交流的多样化条件、情境和活动方式，尽可能为不同层次的学生提供展示自我、获得成就的机会，充分激活学生的智力潜能和非智力潜能，并据此设计教学环节，让不同层次的学生都能够"跳一跳摘到果子"。

另外，"备学生"要考虑学生现时的学习状态，包括学生的情感倾向、学习意愿、兴趣动力、意志品质等关联学习的情感因素。学习情感因素是伴随着知识经验的掌握、观念的形成以及内部智力的成熟而发展起来的，它对外部智力的形成和创造能力的发展起着关键作用。因此，教师在备课过程中需要从心理学、目的论、价值观的角度充分考虑学生的生活实际、兴趣爱好、学习需求，选择能最大限度地激发学生学习热情的教学内容，创设贴近时代、联系实际的问题情境，有意识地结合学生生活经验设计富有情趣和有意义的活动，预设学生喜闻乐见的组织形式和学习方式，让他们从熟悉的事物和愉悦的情境中学习和理解新知，以此吸引学生的注意力，调动其学习积极性，促进其情感投入，引领其学习参与，做到知识与能力，方法与过程，情感、态度与价值观的三维目标的高质量实现。

"备学生"最后需要研究的是不同学生面对新知时学习能力的区别，即学生的问题解决和学习目标达成度差异。学生在学习基础、学习能力、学习情感等方面的个体差异决定了他们面对新知学习时的不同应对能力和表现，因此，教师在教学设计中要预留较多的"弹性空间"，为不同层次的学生主动参与预留一定的时间和空间，对学生学习过程的设计要多一些结果假设、多一些情境模拟，使教学预设更有深度、宽度、厚度和广度，在横向、纵向相结合的预设中优化教学过程，使所有的学生在合作交往能力、创新能力、选择能力、语言表达能力、抗挫折能力、终身学习能力等方面得到不同程度的体验和收获。

二、备问题

问题是思维活动的起点，是打开学生思维的钥匙，是合作交流的导索。在知识建构主义视域下的"探究式学习模式"课型教学策略中，问题是学习的核心和关键，是教学的出发点和归宿，是整个教学方案的灵魂依托。因此，"备问题"成了"探究式学习模式"课型备课的核心环节。无论是教师个人备课还是集体备课，都需要研究师生在新知教授、学习发现和生成过程中的有教学价值的、适切的、有发展梯度的、需要研究讨论并加以解决的矛盾、疑难，并呈现在教学方案中。这其中主要包括两个方面：教师的问题预设和对学生问题生成的预测。

首先是备课中教师的问题预设。教师通过对新授课程文本的结构化解读和对课程内容做出结构化分析，在分析和掌握学生已有知识经验、基础学力和个体差异的前提下，基于对课程标准和教学要求的把握，结合自身的教学经验积累以及对学生关于新知学习的兴趣点、分歧点、重难点、易错点的预测，将涵盖知识与技能，过程与方法，情感、态度与价值观的三维教学目标问题化，并以此形成基于教学内容和教学目标的、以问题形式呈现在教学方案中的学生课堂学习任务——这个问题可以是一条由浅入深、环环相扣的问题链条，也可以是由外向内聚合或由内向外扩展的问题圈层，也可以是由简到繁、由粗到细树状发散的问题树。这种知识问题化、问题能力化的行为过程是教师备课的重点、难点、核心点和关键点所在，有赖于教师将新知教学内容内化为自身的认知建构、活化为自我知识创新、转化为自身能力培育，有赖于教师对学生关于新知学习的兴趣点、分歧点、重难点、易错点的精准预测并将其智慧地转化为具有教学价值、能促进不同层级学生发展的学习问题，也有赖于教师在集体备课中通过合作探讨、交流分享、相互质疑、彼此论辩，多角度地研读文本、多层次地分析学情、多方面地预设问题。教师在个人和集体备课活动中若能智慧、科学地将课堂教学内容和教学目标预设成若干问题，以问题学习贯穿课堂教学过程的每一个环节，以问题解决作为课堂教学的基本目标，通过师生在合作探究学习中的独立思考、合作互助,分析问题、解决问题,最终顺利达成三维目标的有效甚至高效实现。

其次是备课中对学生问题生成的预测。学生在主动探求新知或被动课前预习过程中,根据自我认知或教师指导了解学习要求,在个人已有学科知识认知经验的基础上,以文本内容为起点、思维方法为中介、知识建构为目的,通过对文本知识进行结构化学习,基本熟知课程内容,对课程内容做出简要的理解和分析,发现与自身学习能力、学习经验、认知基础存在差距或矛盾的疑难与困惑,从而生成基于个人知识习得、意义建构、价值形成等的问题。这些问题需要在课堂学习过程中加以学习、得到帮助才能解决,并通过积极参与、主动体验、发现创造、动态建构,使其成为自身认知系统和价值体系的一部分。学生的认知基础、知识基础、能力基础、情感基础的局限,学生的学习力、理解力、接受力、兴趣力、意志力的差异,学生现时的情感倾向、学习意愿、兴趣动力、意志品质等关联学习的情感因素限制,以及学生面对新知学习的应对能力、策略和表现的不同,使得学生在主动探求新知或被动课前预习过程中发现并生成问题的角度、层级、质量、价值各不相同,课堂问题学习和问题解决的方式方法也不尽相同,这就给教师备课带来了一定的复杂性和较大的不确定性,迫使教师在个人备课时熟悉、把握教学班级的学情,相对准确地对学科学习现状进行分层归类,对学生在课前环节的自主学习(预习阶段)中发现、生成的各种问题进行多可能性的预测,并在教学方案中设计相应的问题学习组织形式和问题解决方法策略。集体备课中,教师要从教育规律的普遍性角度,借助同伴的教学经验、教学灵感、教学智慧,交流学生在同范畴、同类型、同层次的教学文本的自主学习中曾经生成的问题和可能发现的新的问题,从而共同探讨对应的教学策略。与对学生在课前自主学习环节中生成问题的预测相比,准确预测学生在课堂学习过程中发现、生成问题更为艰难。在课堂学习过程中,新的学习任务、新的问题情境、新的学习资源、新的思维撞击、新的学习路径的出现、交织、错综,必然会让不同基础、不同能力、不同情绪、不同追求的学生产生、生成不同的问题,这些问题的生成往往充满不确定性和复杂性,其因何发生、因谁发生、何时发生、如何消长,是教师难以预料和掌控的,但这又往往是学生学习智慧的闪光点、知识建构的生长点、能力提升的垫脚点、创新思维的出发点。因此,尽管难以预料和掌控,教师在备课活动中也需要借助自身过往教学经验、同伴教学智慧、对教学对象个性特点的深入了解,在教学设计和教学方案中进行主动的、多层次的、多角度的预测。

三、备情境

创设教学情境,能够以真切的场景吸引学生的注意力,以鲜明的形象强化学生的学习感知,以强烈的悬念驱动学生的学习欲望,以贴近学生的情感调动学生参与认识活动的主动性,以广阔的意境激发学生的想象力。所以,"备情境"是"探究式学习模式"课型备课继"备问题"之后又一项核心的、艰巨的工作。在"探究式学习模式"课型中,创设教学情境的重点在于创设问题情境。问题情境是问题呈现、问题学习、问题解决的背景和依托,也是促进学生产生学习欲望、激发学生内在学习动机、调动学习积极性的手段和方法。教师在独立或者集体备课时,围绕预设问题和对学生生成问题的预测,智慧、巧妙地创设具有一定情绪色彩、能唤起学生思维参与、以形象为主体、具有学习背景和活动条件的生动具体的场景、氛围或活动——问题情境,如实物演示情境、实验还原情境、实地观察情境、图画再现情境、音乐渲染情境、表演体会情境、影视展示情境、故事描述情境、生活模拟情境、生活现象情境、现实问题情境、矛盾呈现情境、游戏竞争情境、辩论宣讲情境、生生互动情境……

教师在"备情境"时首先要把握的是问题情境的问题性。问题情境创设的首要目的是促进学生的问题学习和解决。如果仅仅是为了吸引学生的注意力、激发学生兴趣、活跃课堂气氛而煞费苦心地营造一种幽默、轻松的教学氛围,那就不属于"探究式学习模式"课型的"备情境"。基于"探究式学习模式"课型的问题情境创设首先要具备问题性,也就是说,问题情境创设的立足点是问题,出发点是问题学习,落脚点是问题解决。因此,教师备课所创设的场景、氛围或活动都需要围绕教师基于教学目标和教学内容转化而来的问题、围绕对学生学习过程中基于认知冲突和建构困惑可能生成的问题的预测，并将其有层次、有梯度、分阶段地演化成情境中的关键要素，形成情境认知或情境参与的情感阻滞、认知冲突或思维困顿，从而诱发学生的学习动力，启动新旧认知联结，激活探究创新思维。

其次，问题情境要有激趣性。"探究式学习模式"课型的"备情境"不能因为其有利于学生的问题学习和解决的首要目的而忽视了问题情境的激趣性。也就是说，教师在进行备课过程中的问题情境创设时，在重点关注并实现问题演化为情境元素的同时，需要考虑情境能否引发学生一定的情感体验，能否聚合学生的心理指向和关注度，能否引导学生主动进入情境体验状态，能否唤起学生自觉生发对情境探求的欲望。因此，教师在情境中要基于学生实际、契合教学内容、有机融合问题，适当地配置一些能够激发学生学习兴趣的诙谐幽默、时代感强、贴近学生心理、触发学生感受的生活元素，渲染情境氛围，丰富情境色彩，扩展情境张力，以激发学生的学习欲望和探究冲动，调动其展开学习、探求知识、寻找解决问题办法的积极性。

最后，问题情境要有有效性。教师在"备情境"时，需要考虑问题情境在课堂教学实际应用过程中能否使学生在情境中的学习结果与备课预期效果基本一致，其产生的教学效果和师生教学投入之间能否形成较高的教学效率，情境学习要求、目标任务与学生学习需要、智能发展、个人成长之间的吻合度是否符合教育教学效益的要求。因此，教师备课时创设的问题情境要符合学生一般认知规律和身心发展规律，符合通过旧知的铺垫拓展向新知延伸渗透的基本学习程序和意义建构逻辑。也就是说，问题情境中的问题元素能够让学生在原有的知识经验储备中找到关联点，能够在自己的学习需求中找到主动意愿的触发点。同时，问题情境构成的认知冲突和建构困惑要有合理的程序性和阶梯性，要采取"大事化小""分层递进"的方式将复杂的、深层次的、难度较大的问题分解成若干个相互关联的、有一定逻辑关系的、有渐进梯度的问题链条或问题圈层，使其对不同层次、不同需求的学生在同一个问题情境中具有一定的启发性和挑战性，使学生都能获得获取新知的思维突破点，形成"我能、我行、我要试一试"的心理期许；但又都会在情境中的不同节点遇到一定的困惑感和适度的压迫感，从而促使自己继续努力向上"跳一跳，摘得到"，以打破这种困惑与压迫的心理困局，以获取自己的知识建构、智能发展和个人成长。

需要注意的是，"备情境"时要考虑学生实际、教学内容、班级特点以及教师个人的教学风格，绝不能"为赋新词强说愁"，为了求新、求奇、求趣，罔顾"备情境"的根本目的而故弄玄虚、牵强附会。

四、备学法

在教学中，教法和学法不是孤立的，而是相辅相成、有机统一的。总体来说，学法决定教法，教法制约着学法。学生的学习有其自身特有的规律性和发展性，教师只有根据学生的学习规律来选用教法，才能取得预期的效果；而学生的学习能力和学习方法，主要是在教师指导下、在教师教法的影响下形成的，所以在备课时，要充分认识到"施教之法，贵在启导"，教师的教学方法在适应学生特点、符合学生学习要求的前提下，指导学生的学习方法，培养学生的学习能力。学生只有掌握了好的学习方法，才能学会学习。

但在传统课型的教师备课中，往往是教法决定学法，学生的学法受制于教师教法的选用，体现教师主导作用的教法选择位置相当突出，而体现学生主体作用的学法选择往往研之不多、言之甚少、随而和之，最多是依附于教师的教法亦步亦趋，极少独立地、具备实际价值地呈现在教学方案中。而在以学为中心的"探究式学习模式"课堂中，学生的主体地位和作用得到了空前凸显，学生在教学双边活动中的主动性、活动性、开放性、创造性的释放需要教师科学、合理、有效的学法选择和指导，从而进一步激发学生思维，培养学生创新精神，开发学生潜能，提高教育教学效果。因此，"探究式学习模式"课型的教师备课时需要在研究教法的同时花费更多的心思"备学法"。

在现代教学科学理论指导下，课堂教学提倡"自主、合作、探究"的学习方式，包括在独立学习状态下的阅读、朗诵、观察、联想、实操、标注、笔记、识记、提问、推理、比较、模仿、积累、演绎、归纳、反思、迁移、练习等自主学习法和在与他人合作互动学习状态下的问答、讨论、对话、探究、互教、考证、征询、图示、质疑、辩驳、游戏、竞赛、示范、检测等合作学习法。基于"探究式学习模式"课型在教学实践中呈现出有别于其他模式的两大显著特征——问题与合作，教师在"探究式学习模式"课型的"备学法"过程中，关注更多的是多向互动（师生之间一对一、一对多、一对全体的互动，学习共同体内部一对一、一对多的生生互动，不同学习共同体之间一对一、多对多的生生互动）、多维交流（知识交流、方法交流、资源交流、情感交流、过程交流、结果交流、评价交流）中的合作学习法的选择。

需要注意的是，并不是所有的合作学习法都适用于"探究式学习模式"课型中所有的学生和所有的问题情境，也不是每一堂"探究式学习模式"课堂都需要应用到各种各样的合作学习法，更不是只有合作学习法适合"探究式学习模式"课型中学生的学习或者说"探究式学习模式"课型中学生的学习只有合作学习法才适合。所以，"探究式学习模式"课型的"备学法"既不能因为课型的合作性特征而盲目地否定自主学习法应用的有效性，也不能随心所欲、无问西东地滥用合作学习法，而是要强调注重学法选用的针对性、有效性和多样性。

针对性指的是针对学科学习特点和课堂教学类型，针对课堂教学目标和教学内容，针对学生学力基础和学习习惯，针对问题情境及其蕴含的问题，针对新旧知识连接的关键点位（重难点、易错点、异同点、分歧点和学生的强弱点），针对课堂学生学习组织形式等选择相应的学习方法，并在教学方案的对应教学环节中明确地表述其概念及其操作步骤。也就是说，学科不同、课型不同、目标不同、内容不同、学生不同、背景不同、问题不同、关键点位不同、学习组织不同，教师备课时的学法准备也应有所不同：有些学习环节适合自主学习法，有些活动适合合作学习法，因地制宜，才能相得益彰。加强学法准备的针对性是提高学习效果的前提和基础。

有效性指的是学法应用于学生学习过程，使学生能够较好地完成问题学习和解决的学习任务，明显甚至快捷地达成学习目标，并将知识建构和方法运用内化为自身的学习能力。学法准备的有效性不能被动依赖于课堂教学反馈环节的客观评价，而是需要教师在"备学法"的过程中，通过对学生整体特点、对教学目标任务、对问题情境创设、对学习关键点位、对每个学习共同体的合作水平以及对教师自身引导能力的预测和掌握，对学生学习的每个环节、每个节点的学法准备可能产生的效果做一个大致的价值判断和预估，然后根据这些判断和预估做一些学法上增、删、补、调的策略优化，以期达到教学效果的最大化。如果备课过程中忽略了这种学法效果的预测预判，直到教学结果反馈才发现部分学法准备不恰当、效率低或是无效果，那就有"亡羊补牢"之憾了：尽管在后一个教学内容准备阶段会基于前一个教学内容的反馈、反思做一些"补牢"之功，但毕竟已经造成了"亡羊"之失。所以，与其总是在"亡羊"之后再懊恼地"补牢"，不如在"亡羊"之前先多角度、多维度地"补牢"。

多样性指的是教师"备学法"时应选取多样的、灵活的、可调控的学习方法，包括针对具体的学习内容为学生准备的不同学习方法，针对不同层次、不同个性的学生准备的不同学习方法，针对具体的问题情境和问题解决提供不同思路、不同路径的学习方法，针对课堂突发干扰甚至破坏教学计划的情境而准备的可以临时变通、调整、变换的学习方法，甚至还包括对学生受教师导引或同伴互导的启发、受问题情境和学习因素的诱导而自觉拓展、创新、生成的个性化的学习方法的预测等。这些多样的、灵活的、可调控的学习方法的准备，需要教师备课时，尤其是集体备课时，集思广益，兼收并蓄，然后去粗存精，留以致用。

五、备反馈

教学反馈是师生双方"教"与"学"的互动活动，是教学信息在师生之间、生生之间相互传递、相互影响、相互作用的过程，反馈结果往往作用于师生课后的自我反思、自我纠正和互助提高。"备反馈"是"以生为本"的"探究式学习模式"课型备课的核心要素之一，是不同于传统教学课型备课的有效识别标志，即使在新课程改革下的课堂教学变革所形成的新型课型的备课中也不常见，更不会被重视。在"探究式学习模式"课型的备课活动中，教学反馈结果是教师备课的重要甚至是主要的、具有针对性和教学实效性的教学资源，也是教师备课中备教学目标、备教学任务、备问题情境、备问题学习与解决的重要依据。它既包括教师对学生课堂学习过程观察、提问、练习等情况的总结评估，也包括教师对自身课堂教学方案设计、实施、效果的检讨反思；既包括学生课堂检测结果反馈的整体学习效果信息，也包括学生课后作业情况反馈的个体学习得失信息；既包括教师个人收集整理到的教学反馈信息，也包括从同一备课组其他教师交流中了解到的教学反馈信息。教师在个人初次备课时，需要将自身得到的反馈信息进行梳理、整合、归纳，作为备课的主要资源和新授课程教学设计的依据之一，将反馈信息中涉及的师生"教"与"学"方面存在的问题再次融合到新授课程的问题情境创设、问题学习过程设计和课堂检测反馈环节中，以期学生在新知探求过程中，回顾旧知、强基固本、链接新知。在集体备课研讨时，教师需要将自己掌握、整理的教学反馈信息与同伴分享、交流，相互辩真证伪，同时要从同伴的交流分享中归纳总结出师生在过往课堂中出现的常见性、易错性、普遍性、规律性的问题和被自己在初次备课中因为思路方向、思考层次、思维视野受到局限而忽略的问题。在集体备课之后的教师个人的二次备课中，教师需要针对集体备课研讨并确定下来的教学方案设计思路和要求，融合集体反馈后去粗存精、去伪存真的有效信息，尤其是带有个人教学和任教班级特色的个性化、特殊性的信息和具有教育教学普遍性、规律性的信息，重新修改新授课程教学方案设计。

因此，"备反馈"的基本程序是先收集、整理、归纳自己和同伴在旧知教学过程中的反馈信息；然后通过"备问题""备情境""备学法"，融合反馈信息中存在的悬而未决、似懂非懂的"教"与"学"的问题，渗透到新授课程的课堂教学过程中并使其得以解决；接着是编制有层次、有区分的能解决旧知反馈信息存在的问题和反馈新知学习效果的课堂检测和课后巩固的反馈训练题

（包括课后作业）；最后是通过反馈训练和师生教学小结收集下一教学过程的反馈信息。如此循环往复，形成一个备课—教学—反馈—备课的完整的闭合环路，使新知与旧知的联结、问题存在与解决、知识建构与更新、能力巩固与再生在"备反馈"中得以理想地实现。

第四节 "探究式学习模式"课型
集体备课的组织形式

集体备课的组织形式是指为了完成特定的备课任务，备课组全体教师组织起来，遵照相关的规章制度，按照一定的要求和流程进行教学研究活动的结构。集体备课的组织形式主要研究的是如何保障备课组教学研讨活动的常态化开展，如何保障集体备课过程的组织性和秩序性，如何保障集体备课各项任务的有效落实，如何保障课堂教学方案设计达成共识，如何保障备课组所有成员在集体备课活动中平等互惠的权利等。也就是说，在集体备课中，集体研讨活动的正常开展以及如何组织、如何开展、成果形成等，都必须凭借和运用一定的组织形式来保障和实现。其中主要包括集体备课组织形式的三个重要方面：制度、程序、规则。

首先是集体备课的制度建设。制度一般是指在特定社会范围内要求大家共同遵守的办事规程或行动准则，目的是使各项工作按计划、按要求达到预期目标。集体备课也是如此，无规矩难成方圆，参与集体备课的人和事以及活动过程都需要制度的指引、规范甚至约束。一般来说，集体备课的制度内容往往会涉及指导思想、目的、原则、内容、方式、措施、程序、管理、评价等若干项目，从整体、全面、宏观的角度指引、规范集体备课的实施。有了集体备课制度，备课组成员就能清楚地了解备课的意义、目的、任务以及什么时间、在什么地点、研讨什么内容、需要做什么准备、谁主持研讨活动、个人如何参与研讨、研讨过程该如何做、要做得怎么样等，并以此作为自己参加集体备课的行为准则和工作指引。

其次是集体备课的程序建设。程序指的是事情进行的先后次序，程序建设的目的是保障事情的进行逻辑严谨、推进步骤清晰、过程展开有序。集体备课的程序建设就是指导、规范、相对固化集体备课的工作流程，使得集体备课活动有据可依、有章可循。目前大多数学校采取的"个人研习、独立备课→集体研讨、互动对话→专人整理、形成方案→个人反思、二次备课→教学实践、教后反思"的集体备课流程一旦固化下来，就是学校集体备课整体框架的程序建设。除此之外，集体备课局部环节的程序建设也很重要，如何组织、如何操作、如何串联、如何推进，一旦程序不清楚、不规范，就会导致集体备课中的你说你话、我行我素的散乱局面或是东一榔头西一斧的无序状态。例如"集体研讨、互动对话"环节，采用什么样的组织方式凝聚备课组成员、建构怎样的研讨模式使得过程流畅、建立怎样的互动秩序促进大家主动自觉地参与、明确怎样的对话要求使得所有人民主平等地交流，都是程序建设所必须考虑的问题。程序建设是集体备课成败得失的关键一环，成则集体受益，败则费时耗力。所以，过程组织、环节推进、细节操作、先后次序、时间控制等程序建设是集体备课的有序性、民主性、有效性的保证。缺乏程序建设的集体备课要么会流于散乱无章、言之无物、无的放矢的形式，要么会被权威人士或强势人物独霸发言权、"垄断"结论。

最后是集体备课的规则建设。规则一般指的是规定出来得到大家认同，群体里的所有成员一起遵守的条例和章程。相比制度而言，规则更侧重于微观层面的要求和细节方面的指引。在集体备课中，规则建设主要保障的是集体备课各要素的内容、目标在集体研讨中得以落实和教师个人备课时存在的疑难困惑在集体研讨中得以解决。例如，在个人初次备课阶段，需要备哪些项目、每个项目应该备什么内容、备到什么程度、备课困惑怎样解决；在集体研讨中，需要研讨的项目有哪些、研讨的重点是什么、如何取舍大家的建议、如何形成可供所有人参考的教学方案等；在教师个人二次备课时，如何基于个人教学风格、教学对象的特点和集体研讨成果再次修订、优化自己的教学方案。这些细节性的备课行为如果缺乏规则的指引和规范，仅凭教师个人的教学经验作为支持，往往会出现差之毫厘、谬以千里的遗憾，也就是我们常说的"细节决定成败"。

和所有课型的集体备课一样，"探究式学习模式"课型的集体备课也需要通过一定的组织形式来承载，以保障和实现其内容的针对性、过程的有效性和效益的最优化。"探究式学习模式"课堂是在坚持"教师、学生双主体"的基础上，更注重问题学习、合作学习、学习共同体的研究和落实；其备课理念更倾向于"学为本位"，即"以学生为本""以学习为本"；其备课核心落点在"备学生""备问题""备情境""备学法""备反馈"，学生基础、问题转化、情境创设、学法指导和反馈信息成为其备课的必备和主要元素。基于这些有别于其他课型备课的主要特征，如何实现"探究式学习模式"课型集体备课内容的针对性、过程的有效性和效益的最优化，则取决于"探究式学习模式"课型集体备课的组织形式的制度建设、程序建设和规则建设。

一、制度建设

在制度建设方面，"探究式学习模式"课型集体备课的组织形式与众不同之处有四点：一是集体备课的目标或任务不是为了形成备课组统一使用的方案，而是为了实现课堂上有针对性的优质教学，发挥全体成员的教学智慧，实现资源共享，创设高质量的问题、问题情境和学习活动，最后形成的供教师个人教学参考的教学方案仅仅是集体备课的副产品。二是集体备课原则规定与一般的"定时间、定地点、定内容、定中心发言人"不同，"探究式学习模式"课型集体备课不需要"定中心发言人"，以避免集体备课过程和结果出现"一言堂""一人说了算"的现象，也避免其他教师基于依赖心理、懒惰意识或非责任思想而随意应付教学准备的情况。同时，"探究式学习模式"课型集体备课以主持人取代"中心发言人"，主持整个集体研讨活动，让整个活动按照集体备课的组织形式有组织、有秩序、有实效地进行；主持人发挥穿针引线、承上启下的主导引领作用，有序而灵动地组织、串联、协调集体研讨的各个环节，落实各个备课项目和内容的交流和讨论，合理分配和控制各成员的发言权利和时间，驾驭集体备课进程，并与所有参与者相互配合，在交流、沟通、研究、探讨中辩真证伪、整合资源、去粗存精，以利于集体备课记录人在集思广益、博采众长的基础上形成一份供大家参考的教学方案。三是在规范备课内容上，传统教学强调"备教材、备教法"，而"探究式学习模式"课型的集体备课强调"备学生、备问题、备情境、备学法、备反馈"。无论是个人备课还是集体研讨，都要立足学生实际，尤其是要基于上一阶段学习后的师生"教"与"学"的过程与结果反馈情况研究而来的教情、学情，创设适合学生情感需要、智能发展、生命成长的学习问题、问题情境和学习方法；罔顾教学对象的实际情形而盲目套用课程标准、考纲要求，教条化、僵硬化、格式化地肢解教材、教学教材，都是缺乏针对性、低质量的教学准备。四是在集体备课统一性要求上，传统教学要求统一进度、统一教学目标、统一重点难点、统一教学内容、统一检测作业甚至统一教学方案，这是典型的漠视学生个体差异、班级学风差异和教师教学风格差异的错误认知。"探究式学习模式"课型集体备课不要求"统一"，只强调为高质量的课堂相向而行的求同存异、实事求是，对学有余力和心有余而力不足的学生，班级应做到有区别的教学准备。前者可加快进度或挖掘深度、提高目标层级或增加目标数量、加大难度或增强复杂度、强化课外拓展或跨学科融合等；后者则可适度反向而行。但这都需要找准学生的"最近发展区"，激发学生的智力潜能和非智力潜能，使每一个学生"跳一跳，摘到桃"，获得收获成就、展示自我的机会。

二、程序建设

在程序建设方面，"探究式学习模式"课型集体备课的组织形式认同并采纳目前大多数学校采取的"个人研习、独立备课→集体研讨、互动对话→专人整理、形成方案→个人反思、二次备课→教学实践、教后反思"的集体备课流程。不同的是，在"集体研讨、互动对话"环节中，通过建立主持人制度明确集体备课主持程序、研讨程序和对话程序，包括主持人的主持要求、责任和权利、话语范围和权限，集体备课各要素内容的呈现方式、研讨进程的次序和层递、成员交流的方式和规范、彼此对话的要求和限制等。主持人根据程序指引负责整个集体研讨活动的组织、协调，主导和引领互动对话的内容和过程，确定研讨内容的先后顺序和成员发言的次序，合理分配、调控集体研讨各项内容和发言成员的时间，保证集体研讨过程有组织、有秩序，保障参与成员发表意见的民主平等权利和受到他人尊重，并通过清晰指引使"备学生、备问题、备情境、备学法、备反馈"的"探究式学习模式"课型的备课核心要素落到实处，形成集体研讨的实效。

三、规则建设

在规则建设方面，"探究式学习模式"课型集体备课的组织形式更多侧重于基于自身课型特征要求的规则建设。例如，"个人研习、独立备课"环节要求的不仅仅是教师个人基于自身的专业能力和教学经验对教学文本进行结构化学习，然后基于上一阶段学习后的师生"教"与"学"的过程与结果反馈情况进行教学对象的学情分析，结合自身对课程标准的理解、把握形成自身对教学内容，教学目标，重点、难点、易错点、混淆点的解构和认知，搜集整理相关教学资源，规划教学流程和学习活动形式，预设相应的教法和学法，编制课堂检测反馈练习题和课后作业等。更重要的是通过规则建设规范化、限制式、长效性地要求个人初次备课必须将教学内容问题化，教学目标任务化，重点、难点、易错点、混淆点情境化，教学资源实效化，教学过程主体化，教法、学法明确化，检测练习层级化，即备课必须做到以问题为中心、以学生为中心、以学习为中心，从学生的视角和学习的维度进行教学准备。再如，"集体研讨、互动对话"环节则要求每一位成员按次序将个人初次备课中对教学内容，教学目标，重点、难点、易错点、混淆点的解构和认知整理出来的有效可用的教学资源，预设的问题、问题情境、学习方法和活动形式，检测练习设计等，通过一定的方式（口头表述或资料复印）充分展示独立备课的研究成果，提供给大家分析、研究、探讨、借鉴、参考，引发彼此的思维碰撞；通过大家基于实现课堂有针对性的优质教学的共同目标和符合学情、班情、教情的备课而实事求是、有理有据、求同存异地合作探究、相互辨析、做出选择、截长补短，形成各自二次备课的基础性参考方案和内涵丰富的备课资源。又如，"教学实践、教后反思"环节则要求教师对教学目标的达成度、问题设计是否契合、情境创设是否到位、教学策略是否科学、课堂生成处理是否妥当、活动组织是否有序、检测效果是否满意等教学内容、教学过程、教学效果以及课堂观察情况进行现象罗列、本质归纳，再思考、再认识，并把相应的感悟、灵感、困惑等用"教后记"的形式记录下来。

"探究式学习模式"课型集体备课的组织形式坚决避免以教案设计为目的的单一化、功利性的单边主义集体备课，反对"资料拼盘"的任务化、应付式、蔑视集体智慧的拿来主义集体备课，拒绝"权威垄断"的缺互动、非民主、无集体的个人英雄主义集体备课，抵制"模式教育"的整齐化、同一性、无差异的机械主义集体备课，杜绝"貌合神离"的无中心、无实效、不深入、纯应付的形式主义集体备课，坚持发挥备课组的集体智慧，坚持立足学情、班情、教情差异，坚持问题导向、情境教学，坚持以学法决定教法，坚持集体研讨、求同存异、方案多样、因材创新，目的是追求高质量的课堂教学和课堂教学的高质量。

高中数学 "探究式学习模式" 的 组织实施

第五章

第一节　高中数学"探究式学习模式"的基本原则

课堂探究学习的设计与实施要围绕探究学习的目的，依据探究学习的理论来进行。"探究式学习模式"的基本原则有如下五个。

一、鼓励性原则

美国一位著名心理学家曾经说过，"称赞对鼓励人类灵魂而言，就像植物需要阳光一样。"教师应在课堂教学中始终把关爱和信任的目光投向学生，倾听其意见、追踪其思路、鼓励其自信，从而点燃学生思维的火花，获得最佳的探究效果。对于学生认识问题的不足，教师首先应当肯定其主动表达的勇气和可取之处；其次，针对学生不成熟的或错误的发言，在探究的过程中，必须以热情的态度、肯定赞许的词语对参与的学生给予各种方式的鼓励。教师应通过适时的点拨、指导、辨析，令学生心悦诚服，积极主动地接受正确的观点。

二、平等性原则

课堂教学中的平等表现为教师对学生人格的尊重，把学生作为一个社会人，充分尊重他们的权利、尊严、个性特长、思维方式和发展方向。教师要平等对待每一个学生，无论其成绩好坏，都不能凭自己的主观意识，任意批评学生，对学生应多鼓励、少批评，多引导、少扼制。

三、启发性原则

学生在探究中不可避免地会出现片面、肤浅甚至错误的观点，为了促进学生的发展，必须对之加以引导。教师要以意见交换者和参与者的身份，根据学生的发言质疑问题，帮助学生发现矛盾，循循善诱，启发学生自己纠正错误，或深入认识问题的本质。

四、全面性原则

课堂探究必须全员参加，要面向全体学生，探究的内容、方式要照顾到每一个学生。在课堂探究中，要使全体学生都参与其中并有所收获，教师就必须精心设计探究的题目。只有这样才能使课堂探究真正成为培养学生思维能力和创造能力的过程。

五、有效性原则

任何形式的课堂探究都要有效，使学生各有所得，最忌走过场，把课堂探究视为教学的"点缀"，只图表面的热闹。苏霍姆林斯基说过："如果你所追求的只是那种表面的、显而易见的刺激，以引起学生对学习和上课的兴趣，那你就永远不能培养起学生对脑力劳动的真正的热爱。"因此，我们要提高课堂探究的质量，首先要保证探究内容有一定的思维价值，能促进学生全面地、多角度地去思考、去讨论。

第二节　高中数学"探究式学习模式"的
实施要求

一、选题要科学合理

良好的选题是成功的一半。科学合理的选题有利于激发学生的求知欲和学习兴趣，激发学生发现问题、解决问题的内生动力，是保证学生专注学习的重要因素。

二、课堂角色需定位好、转换好

"探究式学习模式"是素质教育思想和建构主义学习理论的一种高度融合，该模式对教师"教"的行为、学生"学"的行为以及学习方式的转变提出了新的要求。探究式学习有时也被人们称为"问题导向式"的学习，因此问题往往被视为探究式学习的核心，整个学习过程中学生始终以问题为中心。在"问题导学"视野下，教师没有讲授，只有智慧导学：从教师角度来看，若要实实在在地提高问题质量，促进学生学业成就提高，教师必须从原来传统的教师角色转变为"大同学"；从学生角色来看，学生要由过去的配合者、接受者和服从者转变为充满自信的、积极学习的问题探究者、发现者、生成者、解决者、合作者和评价者。在探究式课堂教学中，学生应在教师的帮助下，以主人翁的态度，明确探究目标，思考探究问题，掌握探究方法和策略，理清和交流探究思路，总结和分析探究结果，在整个过程中充当主导角色。当然，通过20多年的实践，笔者认为教师角色的定位不应该被模式化，而应根据学情、根据具体的

教学内容而定，教师的主导作用也不应该被完全否定。

三、教师要重视探究过程的实效性

"探究式学习模式"是以解决问题为导向，在教师和学生的帮助与合作下，不断寻求解决问题的方法。"探究式学习模式"不仅要注重探究结果，更应注重探究过程。教师提出问题后要给学生留有足够的探究时间，以免失去探究的时间要素。教师要不断地进行课堂教学反思，要牢固树立"以生为本"的教学理念，坚持把学生作为课堂的主人，充分尊重学生的人格和自尊心，重视学生的不同见解，鼓励学生大胆发言，创新求异，积极营造良好的课堂探究氛围；要积极引导和帮助学生寻找探究问题的途径，让学生懂得探究什么，如何探究，面对探究问题怎么做等。

四、教师要重视评估方式

学习本身不是目的，目的在于培养学生学会学习。应该说，教师的评估既是教师反思课堂教学的必要手段，也是学生形成自我认知的基础。因此，教师评估和总结推广的最终目的是帮助学生学会学习。然而，目前现行的教学评价体系更多地强调学生的认知评价，而忽视了情感评价。这在很大程度上影响了教师使用探究式教学的主动性和积极性，也与现代教育教学理论和教育规律相违背。因此，作为现代数学教师，我们应该注重形成性评价与结果性评价相结合，以形成性评价为主，强调学生发展过程的重要性，把更多的关注点放在学生学习兴趣、交流合作能力、学习能力素养等方面上来，将学生的认知发展和情意发展和谐统一起来，从探究精神与态度、探究方法与能力、探究行为与习惯等方面全面评价学生的发展状况，促进学生健康成长。

第三节　高中数学"探究式学习模式"的学习策略

一、创设问题情境，引导学生根据问题层层深入进行探究

探究式学习过程包括观察分析数学事实，提出有意义的数学问题，猜测、探究适当的数学结论或规律并给出解释或证明。教师精心通过设计问题情境，引导学生通过自我设问、学生之间设问、师生之间设问等方式提出问题，并引导学生根据问题层层深入地进行剖析探究，寻求结论。探究有助于学生初步了解数学概念和结论产生的过程，初步理解直观和严谨的关系，初步尝试数学研究的过程，体验创造的激情，建立严谨的科学态度和不怕困难的科学精神。

问题1： 如图 5 - 3 - 1 所示，直四棱柱 $A'B'C'D' - ABCD$（侧棱与底面垂直的棱柱称为直棱柱）中底面四边形 $ABCD$ 满足什么条件时，$A'C \perp B'D'$？

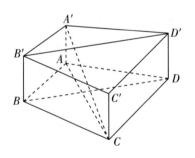

图 5 - 3 - 1

笔者是通过师生之间设问的方式，设计以下问题，引导学生进行探究式学

习的：

（1）要使 $A'C \perp B'D'$，即证两直线互相垂直，应先考查 $A'C$ 与 $B'D'$ 之间是什么关系（先考查它们的位置关系）。

（2）它们的位置关系如何？（是异面直线）

（3）怎样证明两条异面直线垂直？（可通过线面垂直得到线线垂直或利用三垂线定理及其逆定理得到线线垂直）

（4）要使 $A'C \perp B'D'$，可通过哪些线面垂直得到？本题应选择哪一种？（可通过证明 $A'C$ 垂直于 $B'D'$ 所在的平面或证明 $B'D'$ 垂直于 $A'C$ 所在的平面证明，本题可选择通过证明 $B'D'$ 垂直于 $A'C$ 所在的平面的方法证明，连接 CA，先证得 $B'D' \perp$ 平面 $A'CA$）

（5）要使 $B'D' \perp$ 平面 $A'CA$，需要哪些条件？（需要 $B'D'$ 垂直于平面 $A'CA$ 内的两条相交直线）

（6）这两个条件已具备了吗？还欠什么条件？（已具备了 $B'D' \perp A'A$ 一个条件，可由 $A'A \perp$ 平面 $A'B'C'D'$ 证得，还欠条件 $B'D' \perp AC$）

（7）以上条件应怎样转化为四边形 $ABCD$ 所应满足的条件呢？（显然，只要作四边形 $ABCD$ 的对角线 BD，由于 $B'D'//BD$，要使 $B'D' \perp AC$，只要 $BD \perp AC$ 就可以了，即底面四边形 $ABCD$ 应满足的条件是对角线互相垂直）

二、引导学生对知识进行横向类比推广，探究问题的一般规律

新课程标准特别强调学生类比推理思维能力的训练，教材专门安排了一节《合情推理》课。教学中，教师应不失时机地引导学生把所学新知识与旧知识联系起来，从不同角度、不同侧面，横向类比推广，探究有关问题，如圆与椭圆类比、椭圆与双曲线和抛物线类比、等差数列与等比数列类比、平面几何与立体几何类比、可以通过探究得到许多一般规律。

问题 2：已知抛物线 $y^2 = 2px(p > 0)$ 与 x 轴的焦点为 F，A，B 是抛物线上的两动点，且 $\overrightarrow{AF} = \lambda \overrightarrow{FB}$（$\lambda > 0$），过 A，B 两点分别作抛物线的切线，设其交点为 M。

（1）证明：$\overrightarrow{FM} \cdot \overrightarrow{AB}$ 为定值。

（2）设 $\triangle ABM$ 的面积为 S，写出 $S = f(\lambda)$ 的表达式，并求 S 的最小值。

分析：第（1）问不难得到 $\overrightarrow{FM} \cdot \overrightarrow{AB}$ 为定值 0。定值为 0 意味着抛物线焦点弦 AB 的两端点处切线的交点与抛物线焦点的连线垂直于焦点弦。那么圆锥曲线中的其他曲线是否有类似性质呢？

据此，通过横向类比，也得到类似结论：

推论 1：已知椭圆 $\dfrac{x^2}{a^2} + \dfrac{y^2}{b^2} = 1$（$a > b > 0$）的右焦点为 F，A，B 是椭圆上的两动点，且 $\overrightarrow{AF} = \lambda \overrightarrow{FB}$（$\lambda > 0$）。过 A，B 两点分别作椭圆的切线，设其交点为 M，则 $FM \perp AB$。

分析：联想到"圆 $x^2 + y^2 = r^2$ 上一点 P（x_0, y_0）处的切线方程为 $x_0 x + y_0 y = r^2$"，类比推理得到椭圆也有类似的结论："$\dfrac{x^2}{a^2} + \dfrac{y^2}{b^2} = 1$（$a > b > 0$）上一点 P（x_0, y_0）处的切线方程为 $\dfrac{x_0 x}{a^2} + \dfrac{y_0 y}{b^2} = 1$"。

证明：设 A（x_1, y_1），B（x_2, y_2）是椭圆上的两点，则由 $\overrightarrow{AF} = \lambda \overrightarrow{FB}$（$\lambda > 0$），可得（$c - x_1, -y_1$）$= \lambda(x_2 - c, y_2)$，即 $x_2 y_1 - x_1 y_2 = c(y_1 - y_2)$ ①。

又联想到圆的切线方程，可得椭圆在 A、B 处的切线方程分别为

$$\frac{x_1 x}{a^2} + \frac{y_1 y}{b^2} = 1 ，\frac{x_2 x}{a^2} + \frac{y_2 y}{b^2} = 1$$

由上述两方程可得点 M 的坐标为 $\left(\dfrac{a^2(y_1 - y_2)}{x_2 y_1 - x_1 y_2}, \dfrac{b^2(x_2 - x_1)}{x_2 y_1 - x_1 y_2} \right)$ ②

由①②可知点 M 的坐标即为 $\left(\dfrac{a^2}{c}, \dfrac{b^2(x_2 - x_1)}{c(y_1 - y_2)} \right)$

所以 $\overrightarrow{FM} = \left(\dfrac{a^2}{c}, \dfrac{b^2(x_2 - x_1)}{c(y_1 - y_2)} \right)$，$\overrightarrow{AB} = (x_2 - x_1, y_2 - y_1)$

显然 $\overrightarrow{FM} \cdot \overrightarrow{AB} = 0$

反思上述推论，不难发现，上述推论实际上是圆的两条切线交点与圆心连

线垂直于切点弦这一性质的推广。这里，椭圆与圆类比、圆心与焦点类比，事实上当两焦点重合时，椭圆就变成圆了。同样地，双曲线也有类似的结论：

推论 2：已知双曲线 $\dfrac{x^2}{a^2} - \dfrac{y^2}{b^2} = 1$ 的右焦点为 F，A，B 是双曲线上的两动点，且 $\overrightarrow{AF} = \lambda \overrightarrow{FB}$（$\lambda > 0$）。过 A，B 两点分别作双曲线的切线，设其交点为 M，则 $FM \perp AB$。

从推论 1 的证明过程中我们还可以发现，其实焦点弦端点处的两切线的交点在相应的准线上，这样又可以得到以下结论：

推论 3：圆锥曲线焦点弦的两端点处的两条切线相交于相应的准线上。

通过横向联系类比推理，进而探究一般规律的问题，有利于培养学生的探究能力。通过大胆提出问题、猜想问题，进而解决问题，形成学生的创造能力，这也不失为一种探究问题的途径和培养学生思维广阔性的最佳契机。

三、引导学生纵向深入挖掘教材，探究问题的变化规律

教材中有很多重要的例题与习题蕴含着丰富的数学思维方法和数学思想精髓，甚至隐含着具有普遍性与规律性的问题，具有研究和开发的价值，是学生创新思维的生长点。这些例题与习题是深入挖掘、探究规律、培养学生探究能力的极好素材。

问题 3：已知 A、B 两点为抛物线 $y^2 = 2px(p > 0)$ 上的两个动点，且 $OA \perp OB$（O 为坐标原点），求证：直线 AB 过定点 $(2p, 0)$。

探究 1：这是一道有关抛物线的定点问题，若将条件 $\angle AOB$ 改为锐角，则直线 AB 与 x 轴的交点 $N(x_0, 0)$ 的横坐标 x_0 的范围又是什么？$\angle AOB$ 改为钝角呢？

通过回顾 $OA \perp OB$ 时证明直线过定点的方法，不难得出以下结论：

命题 1：已知 A，B 两点为抛物线 $y^2 = 2px(p > 0)$ 上的两个动点，直线 AB 与 x 轴的交点为 $N(x_0, 0)$，则 $\angle AOB$ 为锐角的充要条件为 $x_0 > 2p$，$\angle AOB$ 为钝角的充要条件为 $x_0 < 2p$，$OA \perp OB$ 的充要条件为 $x_0 = 2p$。

探究 2：问题 3 中的直角顶点为坐标原点，若将直角顶点改为抛物线上其他

任意一点，直线是否还过定点呢？

为此可以借助多媒体，对一个具体的抛物线 $y^2 = 4x$ 和一个具体的点 $C(1, 2)$，通过不断改变点 A、B 的位置，观察直角三角形的斜边 AB 是否过一定点。若过定点，则定点的坐标与已知点的坐标的关系如何？学生动手作图，通过观察图象变化，大胆猜想，可发现以下结论：

命题 2：若点 $M(x_0, y_0)$ 为抛物线上的一个定点，A，B 两点为抛物线 $y^2 = 2px(p > 0)$ 上的两个动点，且 $MA \perp MB$，则直线 AB 过定点 $(x_0 + 2p, -y_0)$。

证明：设 $M\left(\dfrac{y_0^2}{2p}, y_0\right)$，$A\left(\dfrac{y_1^2}{2p}, y_1\right)$，$B\left(\dfrac{y_2^2}{2p}, y_2\right)$，则由 $MA \perp MB$，可得

$$y_1 y_2 + y_0(y_1 + y_2) + y_0^2 + 4p^2 = 0 \quad ①$$

而直线 AB 的方程为 $(y_1 + y_2)y = 2px + y_1 y_2$ ②

由①②可得直线 AB 的方程为 $(y_1 + y_2)(y + y_0) = 2p(x - (x_0 + 2p)$

所以直线 AB 过定点 $(x_0 + 2p, -y_0)$。

通过对课本例题与习题进行纵向深入探索，提出新的问题并加以解决，既能巩固相关基础知识，又能培养学生的探索精神和创新能力，更好地发挥教材的扩张作用。命题 1 通过改变定角的大小，探索顶点的横坐标的变化范围；命题 2 通过改变定点的位置，探索动直角三角形斜边所过定点的坐标与已知定点的坐标的关系。通过这一系列的探究，培养了学生思维的深刻性。

四、引导学生逆向思考，探究问题的因果联系

逆向思维是指与常规正向思维方向相反的思维过程，即通常所说的"倒着想"或"反过来想一想"。数学中的逆向思维有两个特征：①"可逆性"，即反过来思考，如逆题目结论、逆推理方法、逆常规方法、逆序转化等；②"双向性"，即正反交叉思考，解题时将两个对立统一的概念、运算、定理等交叉考虑，使思维从一个方向转向相反方向。苏联心理学家克鲁捷茨基的研究表明，逆转心理过程（从顺向的思维序列转到逆向的思维序列）的能力是九种数学能力之一，有这种数学能力的学生显然具有迅速而敏锐的重建心理过程方向的能力，明显地具有推理过程顺畅的可逆性，对于这一能力欠缺的学生来说，这一

过程是极其困难的。采用逆向思维策略解决问题，往往使正向思维所不易解决的问题得到快速解决，分析法、逆推法、反证法、同一法、反驳、公式的逆用、常量与变量换位等方法，都是逆向思维策略的具体应用。纵观近几年高考命题的趋向，试题的考查越来越关注学生的逆向思维能力。一个问题中，当条件与结论转化后，有些命题仍为真命题，有些命题可能不再是真命题。教学中，教师若能多引导学生逆向思考，就有利于培养学生主动探究的意识，加深学生对数学问题本质的认识，对巩固学生所学知识会起到很好的效果。教学中，教师要不失时机地引导学生逆向思考，这对于增强学生思维的灵活性大有裨益。

在教学中笔者曾遇到过这样一道题：

问题4：已知点 $A(1,2)$，过点 $B(5,-2)$ 的直线与抛物线 $y^2 = 4x$ 交于 C，D 两点，则 $\triangle ABC$ 的形状是（　　　）。

A. 钝角三角形　　　　　　　　B. 直角三角形

C. 锐角三角形　　　　　　　　D. 无法判断

教学中，笔者让学生通过作出图形观察三角形的形状。笔者事先将抛物线作好并印发给全体学生，课堂上让学生自己作图，当然，全班学生作出的三角形各不相同，但大家都发现三角形是直角三角形。此时，笔者问学生这种现象是巧合还是其中有必然性。这时，就有学生主动思考，联想到以前做过的两道题：

（1）已知 A，B 两点为抛物线 $y^2 = 2px(p > 0)$ 上的两个动点，且 $OA \perp OB$，求证：直线 AB 过定点 $(2p,0)$。

（2）若点 $M(x_0,y_0)$ 为抛物线上的一个定点，A，B 两点为抛物线 $y^2 = 2px(p > 0)$ 上的两个动点，且 $MA \perp MB$，则直线 AB 过定点 $(x_0 + 2p,-y_0)$。

然后，有学生举手发言说："这不是偶然的，是有规律的。"接着有一个学生说他证明出来了。笔者看后发现结论和证明都是正确的。这是一个完全由学生自己发现并证明了的问题，现与大家共享：

命题3：若点 $M(x_0,y_0)$ 为抛物线上的一个定点，过点 $C(x_0 + 2p,-y_0)$ 作直线与抛物线 $y^2 = 2px(p > 0)$ 交于 A，B 两点，则 $\triangle AMB$ 是以 M 为直角顶点的三

角形。

证明：根据题设条件可设 $M\left(\dfrac{{y_0}^2}{2p},\ y_0\right)$，$A\left(\dfrac{{y_1}^2}{2p},\ y_1\right)$，$B\left(\dfrac{{y_2}^2}{2p},\ y_2\right)$，

$C\left(\dfrac{{y_0}^2}{2p}+2p,\ -y_0\right)$

由 A，B，C 三点共线可得 $y_1y_2+y_0(y_1+y_2)+y_0^2+4p^2=0$ ①

又 $\overrightarrow{MA}=\left(\dfrac{{y_1}^2-{y_0}^2}{2p},\ y_1-y_0\right)$，$\overrightarrow{MB}=\left(\dfrac{{y_2}^2-{y_0}^2}{2p},\ y_2-y_0\right)$

$\therefore \overrightarrow{MA}\cdot\overrightarrow{MB}=(y_1-y_0)(y_2-y_0)\cdot\left[\dfrac{(y_1+y_0)(y_2+y_0)}{4p^2}+1\right]$ ②

由①②可得 $\overrightarrow{MA}\cdot\overrightarrow{MB}=0$，所以 $\triangle AMB$ 是以 M 为直角顶点的直角三角形。

我们不难发现，命题3实质上是命题2的逆命题，而在教学中，这样的问题很多。通过对常见问题交换条件与结论，可以发现有些问题的条件与结论之间互为因果关系。在教学中，如果教师能经常引导学生通过转换条件与结论进行深入探究，就可以加深学生对有关问题的认识，从而培养学生逆向思维的能力。

五、引导学生利用多媒体软件优势，探究数学学习的奥妙

计算机多媒体教学能够延伸和拓展教学时空，通过图像、声音、色彩和动画传递教学信息，解决由于时间和空间的限制造成的教学难点，使学习内容变得容易理解和掌握，激发学生的学习热情，培养并发展学生获取信息、分析信息和处理信息的能力。在多媒体教学中，教师首先应把握自己在教学中的主导地位和作用。多媒体本是一种教学工具，教师不能只当"解说员"，而应通过对教学过程的设计和灵活多变的操作，使多媒体发挥最佳教学功能，同时要从人与多媒体、教学内容与多媒体的关系入手，探讨多媒体在教学运用中的基本规律和要求，使多媒体在教师的驾驭下有的放矢地发挥作用。在多媒体教学条件下，教师在高中数学中选择软件教学工作来辅助教学时大多采用几何画板，少部分教师会选择更专业的 Visual Basic、Delphi 甚至 Visual C＋＋来进行多媒体

编程辅助教学。多媒体的直观性、动态性、交互性可以激发学生学习的兴趣，也可以大大提高课堂教学效率，同时调动部分对计算机方面有特长的学生去尝试将多媒体软件与数学相结合，探究数学学习的奥妙，并将成果与师生共享。

例如，在教学《三角函数图象变换》这一内容时，当 $y = A\sin(\omega x + \varphi)$ 中的 ω 变化时就产生一个曲线族。一般的传统教学是取有限的几个 ω 值，在同一坐标系中分别作出它们的图象，然后进行归纳。现在，利用几何画板课件（图 5 - 3 - 2），只要学生用鼠标拖动 A，ω，改变其中任意一个值，就可以看到函数图象连续变化的过程。

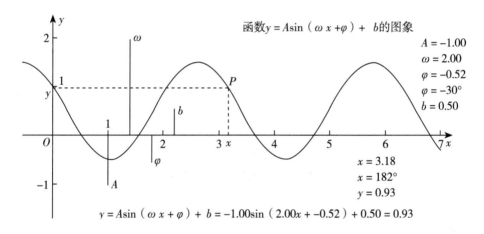

函数 $y = A\sin(\omega x + \varphi) + b$ 的图象

$A = -1.00$
$\omega = 2.00$
$\varphi = -0.52$
$\varphi = -30°$
$b = 0.50$

$x = 3.18$
$x = 182°$
$y = 0.93$

$y = A\sin(\omega x + \varphi) + b = -1.00\sin(2.00x + -0.52) + 0.50 = 0.93$

图 5 - 3 - 2

又如，在进行《三角函数线》的教学时这样操作（图 5 - 3 - 3）：首先要求学生测算出 $\angle xOP$ 的正弦、余弦、正切、余切函数值，接着测算出点 P、M、T、S 的坐标，并将这些数据动态地展现在屏幕上，然后拖动点 P（也可拖动点 A），让学生观察。此时学生即可发现：无论怎样改变点 P 的位置，y_p, x_m, y_t, x_s 均分别等于 $\angle xOP$ 的正弦、余弦、正切、余切函数值。这样的动态教学方式为培养学生的观察、想象、归纳等能力创设了极好的情境，改善了学生的认知环境，增强了教学的自主性和学生的参与性。

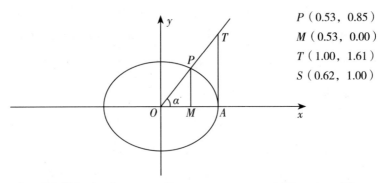

P（0.53，0.85）
M（0.53，0.00）
T（1.00，1.61）
S（0.62，1.00）

当 α 是象限角时，由 $MP//AT$ 可知 $\triangle OMP \backsim \triangle OAT$。而且 OM 与 MP 同号时，OA 与 AT 也同号（α 在1、3象限时）；OM 与 MP 异号时，OA 也与 AT 异号（α 在2、4象限时）。所以 $\tan\alpha = \dfrac{y}{x} = \dfrac{MP}{OM} = \dfrac{AT}{OA}$。

图 5 - 3 - 3

　　教学中利用多媒体技术可以为学生虚拟一个身边的方便而又高效的"数学实验室"，能再现出数学知识产生的全过程。教师在进行计算机辅助教学（CAI）时，应充分创造条件，让学生亲身经历问题的发现过程，使学生能够像数学家一样去探究神秘的数学世界，从数学现象中去发现、归纳数学规律，体会学习数学的乐趣。这对培养学生的数学素养十分有益，也为学生创新意识和实践能力的培养提供了一个机会。

　　当然，由特殊到一般、由个体到全体、由局部到整体等也是常见的探索途经。教师在课堂教学中有意识地引导学生进行探究式学习，可以培养学生主动探究学习的精神，可以让学生在问题的解决过程中理解数学概念、掌握数学思想方法，使学生的思维更具广阔性、深刻性、灵活性。

第四节　高中数学"探究式学习模式"的内容选取

一节课中并不是所有的教学内容都适合用探究的方式去解决问题，"探究式学习模式"课型中课堂探究内容的选取非常关键，主要从以下几个方面考虑。

一、在新知的基点处展开探究，有助于知识的消耗

一个新知识点、新方法总是从已有的知识、方法中提升出来的，教师应找好新知的基点，即相关的概念、定义、公理及一些解题方法、思路、策略等，让学生通过彼此间的探究，在原有数学问题的基础上产生新问题。

二、在理解的疑难处展开探究，有助于思维的发展

当学生在建构解决问题的策略思维受阻时，教师应及时给予启迪引导，帮助学生调整自己的理解，排除障碍，继续思考，为学生进行数学探究铺路搭桥，使学生找到解决问题的途径，从而达到"柳暗花明又一村"的境界。

三、在策略的运用处展开探究，有助于数学解题方法的掌握

数学的解题方法分三层：其一为解题的具体方法和技巧（如换元法、配方法、公式法等），其二为解题通法（如分析法、综合法等），其三为解题的思考原则和策略（如熟悉化、简单化、化归等）。

四、在理解的关键处展开探究，有助于素质的提高

数学家王元指出，"不断抽象是数学的特点之一——学习数学首先要弄清知识点的关键处，否则脑子里难免是一盆糨糊。"教师要在理解的关键处设置问题，组织学生探究，促进学生对新知识的理解和认识。

第五节　高中数学"探究式学习模式"的方法创新

一、微课在"探究式学习模式"中的应用

（一）基于"探究式学习模式"的微课的教学结构

基于"探究式学习模式"的微课的教学结构可分为五个教学环节，具体是：微课引领，自主学习；合作探究，解决疑难；知识迁移，展示提升；归纳小结，建构知识；达标检测，完成评价。

1. 微课引领，自主学习

为了使课堂的探究活动高效，教师可以在课前将课本的知识点（重点、难点、疑点或者是易错点）制作成精美、条理清晰、趣味性强的微课，通过 QQ 群、微信、云盘或者利用班级多媒体设备播放等多种方式，发放给学生，并制作优质的"导学案"资源，将本节课的教学内容以问题链的方式呈现，提前发放给学生，让学生利用微课，完成"导学案"，实现课前自学，提高课堂教学效率。

本环节要求教师收集好学生完成的"导学案"，进行批改，对学生的课前自主学习进行评价，给出得分，并总结学生在自学过程中出现的疑难问题，留待课堂上交由学生探究学习。

2. 合作探究，解决疑难

为了使基于"探究式学习模式"的微课能够发挥较大的教学效果，督促学

生利用微课自主学习，教师首先要根据收集的"导学案"的完成情况进行总结，指出学生在自主学习环节中的优点和不足，抛出课堂上需要解决的问题。

"合作探究，解决疑难"是基于"探究式学习模式"的微课的重要环节，教学中采用小组合作的方式，学期初按照"组间同质，组内异质"的原则进行分组，并选好小组长，对课堂上遇到的疑难问题展开小组讨论，合作探究，相互协作得出结论。同时，开展小老师的活动，充分调动学生的主动性，提高学生的学习成绩，突出学生的主体地位。在小组合作学习过程中，教师巡视并及时给予指导，帮助学生解决疑难。对于经教师提示和启发仍解决不了的问题，通过教师精讲，通过帮助学生有效地突破教学难点。

3. 知识迁移，展示提升

本环节中，教师将结合教学内容和高考的考点，给出变式题目和拓展题目，适当深化知识，以满足各个层次学生的需求。完成的小组，派代表上前展示，共同提高，培养学生解决问题的能力。

4. 归纳小结，建构知识

由学生谈谈当堂课学习的收获、不足和努力方向，帮助学生完成对知识的自我建构。对于学生总结不全面的地方，教师应及时补充。

5. 达标检测，完成评价

教师发放课前设计好的课堂检测试卷，通常设计 5 ~ 7 分钟的试题量，要求学生在规定的时间内完成，并由互相竞赛的两个小组交换试题，当堂批改，根据评价标准，完成对学生当堂课的评价。教师通过回收检测试卷，掌握学生的学习情况，对下次课的教学及时进行调整，从而实现高效课堂。

（二）基于"探究式学习模式"的微课在高中数学教学中的实践探索

下面以高中数学人教版教材必修一中《函数的奇偶性》第一课时为例，分析基于"探究式学习模式"的微课的具体应用。利用微课讲授偶函数，再通过对比，让学生在课堂上自主学习奇函数，加深记忆，实现对知识的建构。

1. 微课引领，自主学习

本节课的学习目标是利用偶函数的图象特征、定义判断函数的奇偶性并求值。首先根据本节课的学习目标设计问题链。

问题 1：什么是轴对称图形？

问题 2：观察下列函数的图象（图 5 - 5 - 1），找出规律。

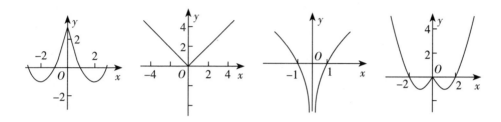

图 5 - 5 - 1

问题 3：函数 $y = x^2$ 是不是偶函数？

问题 4：请画出函数 $y = x^2$ 的图象，观察 $f(-3)$ 与 $f(3)$、$f(-2)$ 与 $f(2)$、$f(-1)$ 与 $f(1)$ 的关系，猜一猜 $f(-a)$ 与 $f(a)$ 的关系。

问题 5：请你试着说出偶函数的定义。

问题 6：请尝试用偶函数的定义判断函数 $y = 3x^2 + 1$ 是不是偶函数。

对于偶函数的学习，通过设计符合学生"最近发展区"的问题，以上述问题链的形式呈现，让学生在利用微课自主学习的过程中体验知识的形成过程。

教师通过对学生课前完成的"导学案"的收集和批改，发现大多数学生都能够掌握偶函数的图象特征，通过利用微课自主学习，能总结出偶函数的定义，但普遍存在的问题是利用偶函数的定义进行判断和求值时，存在过程不完善、结论不准确的情况。教师应根据以上情况，制定本次课的教学内容，确定教学策略，从而实现高效教学。

2. 合作探究，解决疑难

教师对学生自主学习情况进行总结，对于学生掌握较好的问题，请学生代表进行展示，让学生体验成功的乐趣，有效地激发学生的学习兴趣。

问题 1：请说出偶函数的图象特征、定义。

问题 2：请利用偶函数的定义求值：已知函数 $y = f(x)$ 是偶函数，$f(2) = 7$，则 $f(-2) = $ _____。

问题 3：请利用偶函数的定义，判断函数 $y = x^2 + x^4$ 是否为偶函数。

问题 4：若函数 $f(x) = \dfrac{x^2}{3} - 1$（$x \in [a-1, 2a]$）为偶函数，求 a 的值。

对于以上问题，教师要求学生自主探究，发现疑难，可以小组讨论，集体解决，教师在巡视的过程中，给予适当的提示与指导。五分钟后，小组代表进行展示，如果还有问题，其他小组的学生来解决。对于学生都不能解决的问题，教师进行精讲。这样的设计体现了学生的主体地位和教师的主导作用，将时间还给了学生，对于利用定义判断偶函数这样属于经验类的知识，通过学生的自主探究和合作学习，总结经验，得出解题步骤，培养了学生自主探究与合作交流的学习能力。

3. 知识迁移，展示提升

教师结合高考的考点，给出偶函数求值和判断的变式题目和拓展题目。题目分层设置，难度适宜，满足各个层次学生的学习需要，让学生都有所收获。

1.（2015·广东理 3 改编）下列函数中，既不是奇函数，也不是偶函数的是（　　）。

A. $y = \sqrt{1 + x^2}$
B. $y = x + \dfrac{1}{x}$

C. $y = 1$
D. $y = x^2 - x$

2. 若函数 $f(x) = ax^2 + bx + 3a + b$ 是偶函数，且定义域为 $[a-1, 2a]$，则 $a = b = $ _____。

3. 判断函数 $f(x) = \begin{cases} x^2 + 2, & x > 0 \\ 0, & x = 0 \\ -x^2 - 2, & x < 0 \end{cases}$ 的奇偶性。

4.（2014·全国 I 3）设函数 $f(x)$，$g(x)$ 的定义域都为 **R**，且 $f(x)$ 是奇函数，$g(x)$ 为偶函数，则下列结论中正确的是（　　）。

A. $f(x)g(x)$ 是偶函数
B. $|f(x)|g(x)$ 是奇函数

C. $f(x)|g(x)|$ 是奇函数
D. $|f(x)g(x)|$ 是奇函数

完成后，小组派代表上前展示，培养学生应用所学知识解决问题的能力。

4. 归纳小结，建构知识

请学生根据课堂评价细则，对自己在本节课中的收获与不足谈谈感想，以实现对知识的自我建构。

5. 达标检测，完成评价

教师发放检测试卷，基础题占 70%，提高拓展题占 30%，让每个学生学有所得，学有所乐，体验数学学习成功的乐趣，同时发现自己的不足，课后及时改进，达到以测促学的目的，实现高效课堂。

（三）教学反思

笔者在高中数学教学中尝试应用基于"探究式学习模式"的微课，通过实践研究，构建了"微课引领，自主学习；合作探究，解决疑难；知识迁移，展示提升；归纳小结，建构知识；达标检测，完成评价"五个环节。这五个环节是教师引导学生进行高效探究学习的基本步骤。教学中，通过有效地整合信息技术，利用微课这个新兴的教学资源，有效地解决了高中数学课时间少、任务重的教学难题，体现了学生的主体地位和教师的主导作用，培养了学生自主探究与合作学习的能力，提高了课堂的教学效率。笔者经过教学实践发现，要想更好地实施该教学模式，在具体的操作过程中，应注意提高微课和"导学案"的质量，课前让学生熟悉课堂操作流程，制定一套详细、合理的课堂评价方法，灵活地优化和完善这五个教学环节。

二、超级画板在"探究式学习模式"中的应用

就超级画板的功能指向性来说，超级画板在高中数学的很多知识板块中都能得到很好的应用，但其中最能体现超级画板强大特色功能的是解析几何应用方面。解析几何是高中数学的核心内容，它强调数形结合思想、类比思想，涉及的性质繁复多变，历来是学生难学、教师怕教的一个章节。国内之前最流行的教学软件——几何画板为解析几何的教学研究提供了直观、动态的功能，一定程度上提高了教学效果，但由于几何画板在圆锥曲线中缺乏可测量性，在研究复杂问题特别是直线与圆锥曲线位置问题时有很大不便。相反，超级画板在

解析几何方面性能强大，易于应用，对教学中培养学生的学习兴趣和突破教学难点有重要作用。

（一）有利于课堂教学效率的提高

超级画板能突破传统教学中用粉笔作图难以动态表现几何对象的变化的限制，化"静"为"动"，增强了几何直观性，有利于帮助学生发现本质规律。超级画板能轻松绘制传统教学中教师很难准确绘制的复杂图形，且通过强大的测量功能，化"虚"为"实"，增强了学生的探索兴趣和联想能力。利用超级画板的智能作图功能绘图，既方便又节省教学时间，还提高了教学效率。

（二）有利于现有教学模式的完善

课题组通过对视听学习理论和数学"再创造"理论的学习，结合超级画板在解析几何教学中的实践应用，深入分析实验前后各教学要素的变化情况和教学效果反馈情况，进而思考如何在相关教学中更加合理地调配各种教学资源，以优化和创新解析几何教学模式。

（三）有利于促进我校数学教师专业发展水平的提高

我们全体课题组成员通过对相关信息技术理论的学习，提升了自身的现代教育理念；通过对超级画板功能的学习和应用研究，方便了我们以超级画板为强有力的工具来研究数学，增强学科专业素养；通过在教学中的实验研究，形成了教育教学方法。

三、基于 BYOD 的 GeoGebra 辅助解析几何教学在"探究式学习模式"中的应用

高中数学学习有自身的特殊性。首先，高中数学知识相对于初中数学知识难度大，抽象度高，学生需要在认知上有一个适应阶段；其次，高中学生认知结构有一个很大的跨越，高一学生恰好在一个心理和生理都急剧发展变化的临界期，其思维形式还处于形象思维阶段，认知结构和认知特点，思维的灵活性、深刻性和广阔性等发展还不成熟，在学习抽象数学知识方面存在困难。而解析几何又是高中数学几何教学的重点，也是学生学习的难点，高中学生在学习解

析几何时存在很多问题，部分学生谈几何色变。我们选取高中解析几何部分与 Geogebra 进行整合，希望通过有效的整合，使抽象的、枯燥的知识趣味化，通过数形结合，促进教学质量的提高。

Geogebra 是一款容易学习、使用方便的动态工具软件，适用于从幼儿阶段的数学教学到大学数学教学，可以全面应用于中小学数学各分支和各阶段的教学。高中数学课堂中运用 Geogebra，可以动态展示抽象的数学内容、减少教师展示教学内容的负担、提高展示内容的精确度，还可以改变学生的学习方式，使学习者不再是被动地接受知识，而是主动地去学习、去探索、去发现，自己动手，探究学习，提高学习兴趣，增强动手能力和解决问题的能力，促进抽象思维能力的发展，使数学课堂教学收到事半功倍的效果。

在 GeoGebra 的支持下，几何知识内容的教学更加生动形象，几何的证明过程及方法变得简单易懂；不仅丰富和延伸了几何课堂的内容，也锻炼了学生的解题能力、动手操作能力和逻辑思维能力。GeoGebra 的应用不仅有效地提高了学生的数学成绩，也调动了其学习的积极性，提高了学生参与数学课堂互动教学的兴趣，并有助于学生学习迁移的发生，极大地提高了学生学习数学的能力。

高中数学
"探究式学习模式"的
实施策略

第六章

第一节　主题探究策略

探究教学的首要问题是探究主题，教学模式的所有环节都是以主题为导向的。"探究式学习模式"课型中，首先是探究主题的确定，经过主题分析、问题设计、探究活动与管理、成果展示，最后以评价为一个小结，并且在下一个环节中，评价也可以作为一个起点，这几个环节是循环的。

一、明确探究主题

主题是整个探究活动的导向，因此，教师应该多积累适合生成主题的信息资源，并尝试根据不同学习主题生成丰富的探究问题。

（一）选择主题的标准

1. 挑战性

探究主题要具有一定的挑战性，如果主题过于简单，学生很容易就能完成主题的学习任务，导致其不会对主题内容有清晰的认识和较深的记忆。只有具有挑战性的主题才能激发学生的学习兴趣与探究欲，使学生在完成探究任务的同时获得成就感。

2. 生动性

一个生动性强的探究主题从一开始就可以引起学生强烈的兴趣，在探究活动中，学生也可以注意力集中，学习效果较好。

3. 实践性

数学来源于生活又高于生活，探究主题最好和学生的生活有联系，在主题探究后，使学生可以学到的知识在以后的生活实际中应用。例如，商场促销方式多样时，可以根据实际购买情况计算哪种方式最省钱。

（二）确定主题的方法

1. 选择主题

探究主题的选择应以课程标准为起点，符合国家对学生培养的要求。因此，探究主题可以从学科内选取，或者选择生活中的实际问题。但必须强调的是，选取探究主题的出发点必须是新课程标准。

2. 主题内容建构

学科知识是一个完整的知识体系，每个探究主题的知识内容都不是单独存在的。因此，探究主题的建构主要指在确定某个主题后，教师要建构出该主题横向、纵向的知识网络，从加强该主题与其他知识内容的联系。

3. 主题内容知识结构分析

主题内容知识结构分析主要是对主题相关知识点的结构进行分析。

二、分析主题

在探究主题确定后，要对其进行分析，通常情况下，主要从主题目标、学习者、资源选择和驱动问题几个方面考虑。

（一）主题目标

主题目标可以按照课程标准对学习目标的划分，从三个方面确定，明确学习者需要学习的知识与技能，过程与方法，情感、态度与价值观。

（二）学习者

主题探究学习的主体是学生，教师是整个活动的辅导者和促进者。因此，教师要分析学生已有的认知水平、学习特点等。

（三）资源选择

网络环境下的主题探究学习的资源主要选自网络。学生在进行主题探究学习时可以选择教师提供的主题学习网站，也可以利用其他一些学习网站，但为保障学习的效率，建议使用教师提供的学习网站，或者在教师的辅导下使用其他网站。

（四）驱动问题

在主题选定后，要把主题变成问题。问题是教师根据主题内容建构的，在建构时教师需要注意的是建构的问题要以学生为主体。

第二节　教学情境策略

情境是指一个人在进行某种行动时所处的社会环境，是人们社会行为产生的具体条件。这种情境一般指的是社会情境。具体到数学教学中的情境，指的是蕴含数学知识的环境与背景，它有利于学习者对所学内容进行意义建构。PISA（Programme for International Student Assessment）在其 2006 年数学素养评价框架中指出，数学素养的一个重要方面是能在多种情境中运用数学，聚焦真实生活情境中的问题，而不仅仅是学校中遇到的那种典型情境与问题。

对于教学情境（teaching situation），国内外不同学者有不同的定义。我国著名化学教育家刘知新先生这样定义：教学情境是指知识在其中得以存在和应用的环境背景或活动背景，学生所要学习的知识不但存在于其中，而且得以在其中应用。此外，教学情境也可能含有社会性的人际交往。

教学情境也指具有一定情感氛围的教学活动。孔子说："不愤不启，不悱不发，举一隅不以三隅反，则不复也。"孔子的这段话在肯定启发作用的情况下，尤其强调了启发前学生进入学习情境的重要性，所以良好的教学情境能充分调动学生学习的主动性和积极性，启发学生思维、开发学生智力，是提高学科教学实效的重要途径。这里涉及的情境是指在课堂教学中，按照教育的目的、任务与要求，将有关环境人为地加以改造，使之成为富有教育意义的资源。无论从哪个角度看，情境都会在育人环境中发挥其作用。这是因为教师要在创设的情境中激活学生的认知，引导学生进入学习的"最近发展区"，并且建立起协调的师生关系，激发学生的主动性、积极性和创造性。这些因素综合地发挥作用，自然能使情境成为强有力的教育手段，从而为学生的发现过程提供"脚手架"。

教学情境是课堂教学的基本要素，创设教学情境是教师的一项常规教学工作，创设有价值的教学情境则是对教学改革的重要贡献。教学情境不仅可以激发和促进学生的认知活动，还可以激发和促进学生的情感活动和实践活动，为学生对知识的认识和深化提供丰富的学习素材，有效地改善师生"教"与"学"的活动。"探究式学习模式"课型中，教学情境的创设策略主要依据以下几个方面。

一、有利于激发和促进学生的认知活动

教学就是为学生设计一个充满趣味和挑战性的、与学习和学习内容相关的情境，引导学生在创设的教学情境中，自己动手动脑探究，进行学习，掌握学习方法，提高能力。知识总是在一定的情境中产生和发展的，脱离具体情境的认知活动容易使学生身心疲惫，导致学生的学习效率低下。适宜的情境不但可以激发学生学习的兴趣和愿望，还可以不断维持、强化和调整学习动力，促使学生主动地学习、更好地认知，对教学过程起调节和控制作用，提高学习效率。

二、有助于促进学生科学素养的全面发展

荷兰数学教育家弗赖登塔尔认为："学"一项活动最好的方法就是实践。科学是以实验为基础的，在教学中，无论怎样强调实验都不为过，因此，实验是进行教学情境创设的主要素材之一。教师借助实验验证活动这种最基本、最重要的载体，使学生亲历实验过程，自我体会、自我感悟，有效地增强了学生的主体意识，使学生始终处于积极的探索学习之中，促进学生科学素养的全面发展。

三、力求学生亲历科学探究的过程与方法

通过探究活动培养学生的探究意识，提高学生的科学探究能力，是教学的

一个重要任务。教师应该充分调动学生主动参与探究活动的积极性和主动性，而创设良好的探究教学情境是激起学生探究欲的重要手段。

四、帮助学生理解和掌握知识与技能

情境教学具有发展性，富有启发性，有利于促使学生产生继续学习的愿望，激发学生求知欲，挖掘学生潜能。教师从学生已有的知识经验出发，利用合适的情境素材创设教学情境，为学生提供知识存在的真实背景、相关的上下文联系及与知识相关的各种因素等，有利于学生在认识、理解知识存在与发展背景的基础上，真正把握知识的实质。情境素材包含大量与新知识相关的正例与反例，可以让学生从不同的侧面深入挖掘知识的本质和知识之间的区别与联系，实现知识的意义建构。精心创设建立在一定理论基础上的良好的教学情境，可以使学生由情入境、情景交融，使学生学习的欲望达到旺盛状态，自然地回忆起所学知识，并在新旧知识之间建立联系，从而构建新的知识结构。这样一来，学生会轻松愉快地学到知识，教师的教学过程就会收到事半功倍的效果。

五、能提供足够多的机会让学生学会交流与合作

情境教学的一个重要的特点就是需要个体之间的协作，在协作中完成意义的构建，每一个人都能获得自己独特的见解。这就给学生提供了非常多的交流与合作的机会，使学生与学生之间、学生与教师之间相互理解与尊重，相互沟通、交融，共同发展。

第三节　问题设计策略

"探究式学习模式"课堂教学实质上就是师生双方共同设疑、质疑、释疑的过程，是以问题解决为核心而展开的，"教与学的全部过程贯穿着提问的艺术"（E. R. 汉密尔顿）。要开展"探究式学习模式"课堂教学，首先要精心设计问题、设计好问题，除了在思想上真正认识到课堂问题探究的作用，还应吃透教材和了解学生，同时必须对数学问题的基本理论有所了解，掌握问题设计的要点，再辅以适当的提问技巧方可奏效。

一、数学问题的含义与功能

（一）数学问题的含义

什么是数学问题，人们对此说法不一致。目前比较流行的定义是：

（1）"一个（数学）问题是一个对人有智力挑战特征的没有现成的直接方法、程序或算法的未解决的问题的情境。"（《ICME‑6"问题解决、模型化和应用"的课题组报告》）

（2）著名数学家波利亚认为，"有问题指的是：有意识地寻求某一适当的行动以便达到一个被清楚地认识到但又不能立即达到的目的。"

分析这两种方法，可发现数学问题的组成要素为：①存在一个数学情况；②没有现成的方法可以解决这个问题；③主体认识到了这个问题，并采取行动以求解决；④这个问题不能立即得到解决。其中，最重要的是第三个要素，即一个问题要成为真正的数学问题，必须具有适当的信息落入学生的"最近发展区",否则便失去了意义。例如,"为什么 $y = x$ 是一个函数,而 $y^2 = x^2$ 不是一个函数?"对于学完了函数、映射定义的高一学生来说,它是一个合理的问题;但对于初一学生而言,它却因信息量过大而无法落入他们的"最近发展区",便不成为问题。由此可见,过难或过易的问题都不算数学问题,都不会引起学生的行动意识,只有具备了上述四个要素的问题才是数学问题。

(二) 数学问题的功能

在"探究式学习模式"课堂教学中,教师的提问是强化知识信息传输、评价学生学习情况、调控课堂教学进程、沟通师生感情交流必不可少的环节,因此,数学问题具有激励参与、巩固强化、诊断评价、反馈调控等多项功能。

1. 激励参与功能

一个好的问题可以激发学生的主体意识,鼓励他们积极参与教学活动,从而增强他们学习数学的动力。

2. 巩固强化功能

数学概念、定理和法则的获得离不开发人深思的问题的启发,数学知识和解题技能的巩固强化同样来自精心设计的问题的诱导。问题不仅能激发学生的求知欲,还能促使其知识内化,建构数学模式,强化综合应用能力。

3. 诊断评价功能

学生的基础知识和技能掌握如何?教学目标是否实现?这些有赖于教师提出的问题以及对学生面对问题做出的反应的评价。

4. 反馈调控功能

在课堂教学中,问题提出之后,教师可迅速获得学生的反馈信息,并据此调整、控制教学进程。

二、数学问题的设计要点

(一) 把握学生的认识结构

一个数学问题的形成与否,取决于主体的背景知识,因为并非所有的问题都能引起他们的行动意识。这就要求教师在设计问题之前,首先考虑学生现有的认知结构，分析他们头脑中已经内化的数学模式和可能存在的模式序缺，并对他们的"最近发展区"做出准确的测评；然后根据已掌握的情况有的放失地设计数学问题，使其为学生所意识并引起他们的思维活动。达到此要求有三条途径：一是平时积累教学经验，二是建立学生学习档案，三是进行课前评估。若三管齐下，效果更好。

（二）能够引起学生积极的思维活动

我们常有这种体会：对同一批学生针对同一个知识点、同一个问题，仅提法有所差别，但效果却不相同。这说明仅考虑学生的认知结构还不够，还应注意问题的信息量要适当，不因问题过难或过易而使学生放弃思维活动。例如，在引入集合概念后可提出这样的问题："下列各种对象的全体，哪些可构成集合？①某班期中考试成绩在 90 分以上的学生；②某校比较聪明的男学生；③既是质数又是偶数的数；④无解方程的解；⑤非常靠近原点的点；⑥自然数。"显然，学生可根据集合元素的特征，经过比较做出辨别。但是若问："什么是集合？自然数全体是不是集合？"这就不是好的问题了，因为集合是不定义概念，让学生定义未免困难；自然数全体构成集合是课本上的现成例子，不需动脑便可回答。可见同样的内容设计成不同的问题，效果大相径庭。

（三）问题的用语必须严谨

与日常用语不同，数学语言是严谨的科学语言。若数学问题的用语不当，可能出现歧义，令学生无所适从，从而失去了提问的意义。例如，"球内切的四棱台是什么几何体？"这个问题中的四棱台究竟是有内切球的棱台，还是内接于球的四棱台？"是什么几何体？"是球内接六面体还是棱台？使人不得要领，无从回答。此文正确的用语应为："可内接于球的四棱台是什么四棱台？"

（四）问题的指向必须明确

问题所指的对象应是清晰明确的，所问之处也应一目了然，这样便于学生集中思维，抓住实质，迅速作答。若问题指向不清，学生无法正确理解题意，也就不能正确解答了。例如，"观察这两个数列有什么规律？"此问指向不清：究竟是问两数列各自的规律，还是它们共同的规律？是两数列对应项之间的规律，还是它们各自通项式的规律？是研究它们趋向无穷时的极限值，还是计算各自前 n 项和的值？做出以上各种理解似乎都可以。此问题的提法应有明确的指向性，如可这样问："观察这两个数列对应项之间有什么规律？"

（五）问题的答案必须明确

除开放题之外，一般情况下问题的答案要确定。有些问题设计的答案不唯一，或具有相容性，用这样的问题来启发、考核学生往往达不到应有的效果。例如，"对角互补是四边形内接于圆的什么条件？"正确答案是"充要条件"。若学生回答了"充分条件"或"必要条件"，也不算答错，只能算是结论不完整。

三、数学问题的设计方式

（一）问题设置应该以引导学生思考为导向

有些教师的教学设计没有问题，只是习惯性地提问，满堂灌，讲完知识点或者例题后很喜欢问："你听明白了没？"每讲一两句便问是不是、对不对、想不想，形同口头禅，学生也习惯性地回答"明白了""是"等不用思考的答案。这个应该是没有价值的提问，貌似课堂热闹，其实只是课堂上的"虚假繁荣"，根本无任何教学效果，因为这些问题并没有引导学生进行思考，学生只是机械地回答。

（二）问题设置要注意目标导向，由浅而深，层层推进

有的教师在课堂中满堂提问，热热闹闹，好像气氛非常好，看似把课堂还给了学生。其实，这只是从"一言堂"转变成了"满堂问"，不仅没有发挥学生的主体作用，学生也没有方向，使课堂教学处于无序状态。高中数学有些章节比较难，如果没有一个导向，很容易导致学生在思考时没有明确的目标，造成思维过于发散，无法有效地完成教学任务。因此，教师在设计问题时，要注意每节课要有一个主要目标，其他目标要围绕此目标进行设计，由浅到深，层层推进。

（三）提问的语言、提问的方式要幽默风趣，调节课堂气氛

兴趣是最好的老师，怎样才能尽快把学生的注意力吸引过来？用幽默的语言来提问，就能很快把学生的注意力吸引过来。例如，请某某某同学来回答问题时，本人习惯用"元芳，你怎么看？"如果学生提一些过分要求，如我校上课是分组学习的，回答问题是有分加的，如果学生没有完全回答正确，而要求给满分，本人习惯回一句"请恕臣妾做不到"。如果提问时听到有些学生习惯性地说"老师我不会"，本人习惯回一句"请用尽你的洪荒之力试试，实在不够用，等为师再赐你一些洪荒之力"，假装自己是武林高手，再作势打下去。如果一节课的设计里有这样的提问或者回答，学生肯定有兴趣，兴趣上来了，成绩没理由上不去。

此外，选用贴近学生生活的一些现象来设计问题，也能比较快地吸引学生的注意力。

四、探究问题的几个层次

第一层次：要求激发学生学习的好奇心和强烈的探究欲望，让其有较多的思考余地和动手机会。

第二层次：要求有探究活动过程的乐趣和结果的美妙。

第三层次：要求有激励学生不断去研究新知的机会和原动力。

五、两个典型设计案例的反思

为进一步把握问题设计要点，笔者根据自己的教学实践，列举两例典型的设计，并进行反思。

案例之一：球面的确定

（1）经过不在一平面上的四点可确定几个球面？

（2）经过四点可确定几个球面？

（3）确定一个球面需要什么条件？

反思：设计（1）过于简单，学生可直接利用教材上现成的结果作答；设

计（3）信息量过大，且答案不唯一（可以是不共面的四点，也可以是球心及球面上一点，或球心与半径，或一直径等），超出了设计者的初衷；设计（2）在课本上无现成的答案，需要动脑筋将四点可能存在的位置关系加以组合分类，做出解答，且信息量适中。

案例之二：异面直线的概念

（1）不相交的两条直线是异面直线吗？不在同一平面上的两条直线是异面直线吗？

（2）既不平行也不相交的两条直线是异面直线吗？

（3）不同在任一平面上的两条直线是异面直线，对吗？

反思：与常见定义不同，异面直线定义乃是具有操作性的判别法则，有些"别扭"，巩固这一概念的问题设计应抓住概念的定义进行。设计（1）显得薄弱；设计（3）过于深奥（但这正是异面直线的本质），学生一时难以理解，又不具有可操作性；只有设计（2）恰到好处。

由于课堂教学是一个双向的信息传播系统，课堂提问中的问题设计仅是一个要素，在具体实施过程中，应充分考虑各个要素的相互作用，以发挥系统的最大功效，真正提高课堂教学质量。

第四节 过程组织策略

教学过程是教学活动的启发、发展、变化和结束在时间上连续展开的程序结构。人们对教学过程的认识经历了漫长的历史发展过程。随着时间的推移和研究的深入，人们逐渐认识到教学过程的复杂性和多元性：教学过程不仅是认识过程，也是心理活动过程、社会化过程。因此教学过程是认识过程、心理过程、社会化过程的复合整体。

学生的学习过程是人类认识过程的一种特殊形式。学习是以掌握人类已知的文化科学和技术基础知识为主，经教师的传授和引导，以求在较短时间内使年轻一代能达到当代科学文化水平的活动。教学过程乃是一种有目的、有计划的特殊的认识过程，它遵循的是感性认识和理性认识统一、认识和实践统一的规律，这既可避免唯物论的片面性，又可防止狭隘适用主义经验论的片面性。"探究式学习模式"课型的过程组织策略主要包括以下几个方面。

一、明确探究目的

在课堂中展开探究，目的是激发学生的学习兴趣，促进学生主动学习，提高学生分析问题和解决问题的能力，培养学生的创新精神，提升学生的数学素养。教师在组织课堂探究前要尽可能对于解决什么问题，达到什么目的做到心中有数。教师在组织数学课堂探究时要重视学生分析问题、解决问题的思维过程，着眼于学生的长远发展，特别是对学生思维的培养，绝不能把它当作课堂教学的一种形式上的点缀，而要把它作为提高课堂教学效率的有效手段，把重视学生的经历体验真正落到实处。

二、确定探究问题

教师在数学课堂教学中要精心选择学生学习中有探究价值的问题。所确定的问题首先必须是教材的核心问题，即教材的重点、难点、关键点；其次，所确定的问题要能激发学生的学习兴趣，能让学生乐于接受问题所带来的挑战，能诱发和激起学生的求知欲；最后，确定的问题应有一定的障碍性，即讨论的内容应有适当的难度，处于大多数学生的"最近发展区"。这就要求教师必须针对具体内容和学生的实际进行具体分析，做出恰当安排，让学生自己去动手实践、自主探索、合作交流，从而全面提高课堂讨论的质量。

三、营造探究氛围

教师要建立和谐的师生关系，营造一种民主、愉悦的教学氛围。在教学过程中，教师始终是课堂教学的组织者和引导者，应积极引导和鼓励每个学生主动参与学习。当学生在讨论中缺乏自信时，教师要通过激励给予其力量；当学生在讨论中产生独特见解时，教师要及时给予其表扬；当学生在讨论中遇到困难时，教师要适当给予其支持；当学生在讨论中获得成功时，教师要给予其充分肯定。教师应努力营造一种和谐的课堂讨论氛围，使每个学生都不用担心自己的意见被批评，而是坚信自己的观点是正确的，只有这样，学生才能敢于并乐于参与探究活动，从而提高他们学习数学的兴趣。

四、创设探究情境

教师在课堂教学中应善于把握学生的思维特点，创设良好的问题情境，激发学生的数学思维。例如，在学习公理"两点之间的所有连线中，线段最短"时，可创设这样的情境：从上海到广州，一般可以坐火车，路程约为1811km，也可以坐轮船，航程约为1690km，还可以坐飞机，航程约为1200km。要求学生仔细阅读并进行小组探究讨论："你能发现什么数学问题？""对于这三种行程，你们能发现什么？"通过这种发式，让学生感受到数学学习内容是现实的、有意义的。

五、控制探究节奏

课堂探究应有张有弛。一般而言，热烈活泼的探究是课堂探究成功的重要标志，但也不是绝对的，教师应尽可能让学生说、讲，对于尚未解决的问题，教师要进行讲解，直到学生弄懂为止。

六、保证探究时间

一堂课的好坏关键是看学生是否动脑、动手，而不应仅看内容的多少，所以只要探究的问题有价值，学生有兴趣，不妨多花点时间，让他们去争论。探究必须给予学生充足的时间，学生只有经过认真思考、整理，才能准确地表达出来。时间不足会使课堂探究成为"形式主义""走过场"，影响学生参与探究的积极性，不利于学生创造性思维的培养。

高中数学
"探究式学习模式"的
课堂观察与评价

第七章

第一节　课堂教学评价的基本理念

课堂评价即课堂教学评价，它基于课堂，与"教"与"学"紧密相关，是基于一定的标准对在课堂教学实施过程中出现的教学事件或行为等客体对象所进行的意义分析和价值判断等活动，并因此形成相应的结论。课堂教学评价范围包括课堂观察的四个基本维度，即学生学习、教师教学、课程性质、课堂文化四个基本面。课堂教学评价是促进学生成长、教师专业发展和提高课堂教学质量的重要手段。

一、课程标准倡导的教学理念

课程标准坚持以学生发展为本，倡导建立评价目标多元、评价内容多维度和评价方法多样的评价体系。

课程标准在"课程的基本理念"中指出："评价既要关注学生数学学习的结果，也要关注他们数学学习的过程；既要关注学生数学学习的水平，也要关注他们在数学活动中所表现出来的情感态度的变化。在数学教育中，评价应建立多元化的目标，关注学生个性与潜能的发展。例如，过程性评价应关注对学生理解数学概念、数学思想等过程的评价，关注对学生数学地提出、分析、解决问题等过程的评价，以及在过程中表现出来的与人合作的态度、表达与交流的意识和探索的精神。对于数学探究、数学建模等学习活动，要建立相应的过程评价内容和方法。"

课程标准在"评价建议"中进一步强调："数学学习评价，既要重视学生知识、技能的掌握和能力的提高，又要重视其情感、态度和价值观的变化；既要重视学生学习水平的甄别，又要重视其学习过程中主观能动性的发挥；既要重视定量的认识，又要重视定性的分析；既要重视教育者对学生的评价，又要重视学生的自评、互评。总之，应将评价贯穿数学学习的全过程，既要发挥评价的甄别与选拔功能，更要发挥评价的激励与发展功能。""数学教学的评价应有利于营造良好的育人环境，有利于数学教与学活动过程的调控，有利于学生和教师共同成长。""重视对学生数学学习过程的评价。""正确评价学生的数学基础知识和基本技能……评价要注重对数学本质的理解和思想方法的把握。""重视对学生能力的评价，……，对于能力的评价应贯穿学生数学知识的建构过程与问题的解决过程。""通过多元化的评价，可以更好地实现对学生多角度、全方位的评价与激励，努力使每一个学生都能得到成功的体验，有效地促进学生的发展。"

对于课程标准的评价理念，可以从以下三个方面来认识：

一是突出了发展性。数学学习评价是为了促进学生发展，数学教学评价是为了促进教师发展。

二是体现了多元化。构建多元化的评价体系，包括评价主体多元化、评价目标多元化、评价内容多元化、评价方式多元化等。

三是注重了过程性。评价将贯穿数学"教"与"学"的整个过程，将学生在数学学习过程中的全部情况都纳入评价范围，而不只是评价学生学习的结果。

二、新课程倡导的教学评价理念

新课程教学评价以多元智能理论、建构主义思想和后现代主义为主要理论依据。

（一）关注学生发展

课堂教学评价要体现促进学生发展这一基本理念。这一理念首先体现在教学目标上：既要按照课程标准、教学内容的科学体系进行有序教学，完成知识、技能等基础目标，又要注意学生发展性目标的形成。其次，这一理念体现在教学过程中：教师要选用有效的教学策略，激发学生的学习热情，体现学生的主体地位，鼓励学生探究，提高教学效率。最后，这一理念关注学生发展差异，通过识别学生的优势智能领域，为学生提供发展优势智能的机会，促进其优势智能的优秀品质向其他智能领域正向迁移。

（二）强调教师成长

课堂教学评价要有利于促进教师专业成长。课堂教学评价的重点不在于鉴定教师的课堂教学结果，而是诊断教师课堂教学的问题，帮助教师形成个人发展目标，以满足教师个人发展的需求。

（三）重视以学论教

课堂教学要真正体现以学生为主体、以学生发展为本，就必须树立以学生的"学"来评价教师的"教"的"以学论教"的理念，主要从学生的情绪状态、注意状态、参与状态、交往状态、思维状态、生成状态六个方面进行评价。

第二节　课堂教学评价的视角

一般来说，教师的"教"与学生的"学"是课堂教学评价必不可少且最为重要的两个视角。教师"教"的状态与效果是学生"学"的状态与效果的必要前提和基础，学生"学"的状态与效果是教师"教"的状态与效果的应然形成和结果，除非学生学习已经发展到"自我导学"的高级成熟阶段——这也是课堂教学最为理想的教学模式，却需要学生具有非常成熟的心智、高度的自觉自律、旺盛不竭的求知欲望并掌握较好的学习技能与方法——至少目前绝大多数中小学生还无法达到如此境界。当然，教学相长，互为推动，教师的"教"与学生的"学"之间相互作用，彼此共生，共同营造课堂"教"与"学"的能量场和同向氛围，也会共同影响课堂教学的生成、数学质量的提高或弱化。

教师作为课堂教学的主导，无论是在"以教为中心"的课堂教学中还是在"以学为中心"的课堂教学中，无论是评价课堂教学实施过程的意义和价值还是判断课堂教学中师"教"生"学"的即时质量优劣，也无论是从促进学生成长的角度还是从促进教师专业发展的角度，教师之"教"一定是课堂教学评价中必然且重要的视角。因为教师教学预设中的目标指向决定了教学价值的取向，也引领着课堂教学的方向和走向；教师在教学过程中的知识传授是否准确清晰、问题预设是否适契、导引方向是否正确、指导方法是否得当、启发诱导是否有效、答疑解惑是否正确、课堂管理是否有序都直接影响着课堂教学质量的优劣，甚至课后训练设计对课堂教学效果的检测、巩固、迁移的真实性、有效性、可行性都会在一定程度上影响学生学科素养的培育和教师专业能力的提升。

而学生作为课堂教学的主体，其成长发展是教育教学的根本和终极目标，所以，课堂中学生之"学"毋庸置疑是课堂教学评价中必然且关键的视角。学生在课堂学习中知识的习得与建构、学习态度的引导与调整、学习习惯的培养与纠错、学科素养的培育与形成、多元智能的更新与发展、学习情感的诱导与激发、正确价值观的领悟与树立等，都是学生通过课堂教学这一主阵地所应该获得的发展要素。因此，课堂教学评价的落脚点、根本点就在于学生的"学"，包括学习的状态、方法、过程、结果及其可持续性发展的可能性、可行性。

作为课堂教学评价必不可少的两个重要视角，教师的"教"与学生的"学"在课堂中的表现都会影响甚至决定课堂教学的得失优劣，评价时不可失之偏颇。相对传统的"以教为中心""以教定学"的课堂教学评价过于偏重教师之"教"，甚至沦落为仅仅是"评教"，从教师的衣冠举止是否得体到专业知识是否厚实，从普通话是否标准到语言表达是否准确生动，从粉笔字是否书写工整到板书设计是否富有特色，从目标定位是否准确到预设目标是否有效达成，从教学内容整合是否有个性到知识传递是否有创意，从教学思路是否清晰严密到过程调控是否紧凑得当，从重难点是否突破到方法运用是否适切，从教学指引是否面向全体学生到教学效果能否促进学生全面发展等，点点滴滴事无巨细，看似点面到位，实则偏离评价初衷——促进师生共同成长。而在新课标指引下的"以学为中心""以学定教"的课堂教学评价中，有些人又走向另一个极端，坚持一切以学生的"学"为依据，以此作为课堂教学质量评价的根本标准甚至是唯一标准来评价、判断课堂教学质量的高低、优劣。当然，不可否认，学生主动积极的学习态度、良好的学习状态、高效的学习习得，在更大程度上能够说明这堂课教学质量的上乘。但这些大多不是学生从学以前的本然属性，而是通过教师经年累月的课堂教学培育出来的。课堂教学中的师生表现其实是师生长期以来教学相长、彼此磨合、相互促进而形成的一种教学惯性的即时反映，并非独立的、排外的、突发的此时此刻的个体现象。所以，课堂教学评价不能将学生的"学"作为唯一视角或标准，而是要兼具师"教"生"学"两个相互交织、不可分割的视角来评价、判断整个课堂教学的优劣、得失。

第三节　课堂教学评价的原则

一、客观性原则

尽管课堂教学评价与观察评价者对课堂教学的个人认知、理解、修为、期望以及对同类型课堂独有的教学经验、处理智慧、把握风格有着极大的关系，使得评价极易受评价者的主观意愿的影响甚至左右，但为了真实、科学地反馈课堂教学中师"教"生"学"的客观状态及其质量的优劣、得失，评价者首先要遵守的就是评价的客观性原则：一是分析的依据要客观，不随意更改观察数据和记录，也不妄测观察资料的真伪性，而要以已有资料为依据来研究现象背后的教学真相。如有不确定之处，可利用辅助观察手段（如影像）存储的资料进行反复观察，也可再次进行有针对性的师生访谈，以便补充相关评价资料，力求评价依据完整、翔实、充分。二是评价标准要客观，不能随意拔高、降低甚至篡改标准。课堂评价标准一经制定，作为评价的参与者，就不能因为个人的不同意见而罔顾标准要求或规定，仅凭个人的经验认知或主观要求更改评价标准并强加于评价对象，以致形成不合标准的评价论断。三是定性评价的用语要客观，尽量使用相对精准、中肯、切合教学事实的评价语言，而不是空泛笼统、隔靴搔痒、蜻蜓点水式的不痛不痒的言语——表面上顾及执教者的颜面，实际上无益于师"教"生"学"的成长发展。所以，课堂教学评价务求立足于课堂真实的教学现象，立足于课堂观察计划中制定的课堂评价标准，通过现象分析，以相对精准、切合的语言揭示现象背后的本质，阐释课堂教学的价值、意义和优劣。

二、目标性原则

课堂教学评价应坚持目标性原则，即课堂教学的目标达成与否是课堂教学评价内容的落脚点。这其中既包括执教者预设的教学目标是否有效实现，也包括课堂教学行进中突发生成的教学目标能否高效达成。前者是指教师在教学设计中针对不同层次学生预设的知识与能力，过程与方法，情感、态度与价值观三维目标，包括教师的知识传递是否清晰、准确、有效，学生的知识建构是否能够融合原有知识结构、是否达到教师期望，学生能力素养是否能够通过师"教"生"学"而得到有效培育、提升；课堂教学过程是否得以有序、高效推进，学生的参与度如何、是否有效，教师的教学方法是否得当、能否激发学生的学习兴趣、点燃学生的学习热情，学生的学习方法取舍与运用是否适切、有效；教师在课堂教学中是否充满热情，课堂教学氛围是否尊重、民主，学生是否获得来自教师、同伴、教学内容的真切的情感体验，师生的主观能动性发挥得如何，师生"教"与"学"的态度是否饱满、积极、正向，学生在课堂多元信息的冲突、辨析中是否获得正确价值观的引导和培养等。这些都是课堂教学评价的目标性因素。而后者——课堂教学行进中突发生成的教学目标，不仅指学生在教学过程中因为基础差异、思维碰撞、习惯迥异而即时生成的、需要师生共同解决的学科学习问题，也包括教师在课堂活动中，从师生、生生互动中发现的有利于教学简捷或深入，有利于学生个性发展的新的生长点而即时生成的教学目标，这也许是课堂教学的奇点、疑点，如果目标达成得妥帖、形成奇效，则成为亮点、优点，也是课堂教学评价必需的目标性因素之一。因此，课堂教学评价要坚持目标性原则，落脚于用教学目标达成与否来评价课堂中教师之"教"和学生之"学"的过程、方法、效能。

三、针对性原则

因为课堂观察的对象有教师和学生，观察维度涉及学生学习、教师教学、课程性质、课堂文化四个方面，观察项目和观察点位遍及课堂教学每一个环节的师"教"生"学"过程中所有的言谈举止及其交互，形成的观察资料也会涉及方方面面，因此，课堂教学评价就具有了综合性、立体性和复杂性的特征。如何从众多的观察项目和观察点位所获取的观察资料中分析、评价、判断课堂教学的价值和质量，这就涉及了课堂教学评价的针对性原则，即课堂观察与评价的目的是什么。基于观察者本身自觉的专业成长而进行的课堂观察，观察者本身就会在观察计划中立足于自身教学的薄弱点或执教者的特长点而有所选择，或是教学内容整合策略，或是教学情境设计方法，或是学生合作学习组织，或是学生学习指导，抑或是问题预设与生成、师生互动和生生互动引导技巧等，这种有针对性的观察自然就会形成有针对性的评价。而基于有组织地对执教者课堂教学进行观察研究甚至评判优劣，也就会在观察计划中规划出不同的观察要素和观察项目，并分派出不同观察者的观察任务，同时通过制定相关评价标准来明确观察点位、等级判定要求。这种有组织的分类观察、综合评价的评价方式相对于个体式的观察评价，其观察要素、项目、点位相对全面，也复杂一些，但仍无法做到面面俱到、一应俱全，也会针对观察、评价的目的来选择关乎教师之"教"和学生之"学"的若干个重点项目和关键点位来进行。而这些重点项目和关键点位往往能够体现学生在知识习得、品德培育、人际交往、方法能力等方面能否得以全面发展、全体发展、差异发展，也能够表征师生之间、生生之间是否可以相互尊重、富有责任、彼此支持。因此，无论是个体性的课堂观察与评价还是团队性的课堂观察与评价，都需要坚持针对性原则，即基于评价目的对观察的关键要素和重点项目所获取的观察资料进行有针对性的研究、分析、评价、判断。

四、导向性原则

课堂教学评价是促进学生成长、教师专业发展和提高课堂教学质量的重要手段，换个角度来说，促进学生成长、教师专业发展和提高课堂教学质量是课堂教学评价的重要目的之一。因此，课堂教学评价应当坚持导向性原则，引导教师通过自我评价、他人评价明晰课堂教学的优劣得失，从而丰富自身的教育教学思想和理论支撑，强化自身的教育教学创新意识，提升课堂教学能力和水平，更加注重评价所侧重的各种相关因素，尤其是自身相对忽视或用力不足而又关乎教师之"教"和学生之"学"的质量的要素和点位，进而更好地、有针对性地改进、优化课堂教学策略，提高课堂教学质量，也使自身的专业素养得以更为快捷地发展，使学生得以更为有效地多元成长。基于此，课堂教学评价要能够从教师之"教"和学生之"学"两个视角有效地评价课堂教学的状况和优劣得失，引导执教者及其同伴既能清楚地了解课堂教学中存在的优点、特点、亮点和创新点，又能准确地领会自身的不足、缺陷、弱点和忽略点，指引教师寻找到课堂教学改进的点位、着力的基准和发展的方向。这对基于自身自觉的专业成长而进行的课堂观察的观察者而言，也是如此。观察者本身在观察、学习以及与执教者交流的过程中，通过探讨、评点、建议的方式进一步增强对课堂教学活动与事件、执教者的教学思路与意图、教学目标达成的路径与结果的了解，从而引导自身和执教者明确教学中存在的不足和今后努力的方向，促进彼此能力提升和专业发展。

第四节　课堂教学评价的方式

　　课堂教学评价的方式取决于课堂观察的直接目的，也就是说，课堂观察的最初目的决定了评价方式的取舍。而课堂观察的最初目的或者出发点往往会因人、因事、因动机不同而有所不同。在中小学校具体的课堂观察中，观察对象一般有新教师、老教师、骨干教师或名教师、竞赛课教师等，观察事件也相应地有汇报课、研讨课、调研课、示范课、竞赛课等，观察动机也往往有评价执教者课堂教学水平的提升情况、对课堂教学某一具体方面的展示、对教师独具特色的教学风格的研究、对同一教学内容以不同教学方式建构课堂的比较研究、对同一教学赛事的参赛者进行教学价值判断等。因此，对于不同的观察对象、观察事件、观察动机，其观察目的往往大相径庭，从目的出发的教学评价方式也会迥然不同。例如，对于一个见习期的新教师的汇报课，课堂教学评价更多地在于其对教学内容理解的正确性，对学科知识传递的准确性，对课堂教学组织的有序性，师生互动开展的流畅性；而对于一个颇有教学经验的老教师的研讨课，课堂教学评价可能更多地集中于其对教学内容整合的独特性，学科能力素养培养的实效性，对课堂教学活动设计和展开的调控性，师生互动行进的技巧性；对于骨干名师的示范课，课堂教学评价更多地集中于其教学风格、示范点位；而对于参加教学竞技教师的竞赛课，课堂教学评价更多地集中于基于评优标准之上的优点、特点、亮点。如果忽视了课堂观察的最初目的，不论何种课堂都使用一成不变的评价标准和方式来进行课堂教学评价，那么，不仅无益于发现课堂教学的长短优劣，也无益于课堂教学的精细观察和精准评判，更无益于课堂观察评价目的的实现，反而有害于执教者和观察评价者的相互切磋、共同提高，有害于彼此的专业发展和课堂教学质量的提高。

基于此，我们认为，课堂教学评价的方式应从不同的目的进行区别性分类。

一、发展性评价

发展性评价适用对象更多的是新教师，其特点是教学经历不多、教学经验不足、教学水平不高、教学理论素养薄弱，他们需要一个较为漫长的专业成长、发展、提升的过程。在这一过程中，他们既需要自觉主动的自我培养，也需要同伴的互助促进，尤其是有经验、有积累、有能力的教师的针对性、实效性、科学性的指导和引领，其中立足于促进青年教师专业发展的课堂教学观察与评价是最主要的途径和方式。其目的是通过对其课堂教学进行具体而细微的观察、精准到位的点评、彼此的交流讨论、课后反思，使执教者明晓自身教学的优劣所在，为改进课堂教学策略和制定自身专业发展的目标及对策提供真实依据，从而促进自身教学技能和教学水平的提高。

二、研究性评价

研究性评价多用于教学同伴之间基于共同探讨、研究教学对策的目的而进行的课堂观察与评价，一般是同一学科组或学科备课组的教师为了解决教学中的某一难点而有计划、有准备地进行的有针对性的内部性评价，诸如针对某一种课型的教学流程、针对某一教学内容的重难点突破、针对课堂问题情境的设计、针对课堂学生学习共同体的合作学习组织、针对学生问题的发现和生成、针对课堂检测的练习难易度把握等。这种研究性评价的针对性强、精准度高、效果好，执教者和观察者共同参与，一般不涉及对整个课堂的优劣、好坏、奖惩的评价，侧重的是问题解决的效度、方法、可行性的研究。当然，在评价过程中往往因为评价者在课堂观察过程中获得的资料信息有偏差，加上个人的教学认知、经验、习惯甚至好恶不尽相同，因而对同一问题解决的期望方法也不尽一致，所以，观察者各自的课堂评价也许大不相同。但评价的项目和点位基本一致，评价目的都是为彼此提供解决问题的思路，便于大家集思广益、取长补短，为解决问题找到更为有利的路径和方法。

三、判断性评价

判断性评价的目的是根据评价结果对课堂教学进行优劣等级划分，并以此作为对执教者进行奖惩的依据。这种评价方式一般适用于课堂教学竞赛或评比。相对于研究评价来说，它属于外部评价，执教者一般无法参与评价过程。判断性评价的维度往往是全方位的，评价的项目和点位也是多要素的，评价者的教学素养、课堂观察水准、课堂评价能力也相对较高。大多数判断性评价会在评价之前确定具体的评价者及其课堂观察和评价任务，也会对每一个观察和评价项目预设不同的分值权重或等级区间，评价者会根据自身的课堂观察及搜集的观察资料和竞赛评比的应然要求对自己负责的观察维度、项目、点位作出基于自身认知、理解、素养的合理分析、评价和判断，并进行分数计算或等级划分；而作为观察和评价的组织者，会将所有评价者的分析、评价、判断及其给予的分值或等级进行汇总，然后根据相应的评价标准综合判定本次课堂教学的优劣，以等级或得分的形式进行标示，也会给执教者一个相对完整、全面、细致的或口头或书面的教学评价和建议。

四、学习性评价

学习性评价往往适用于出于向执教者学习的目的而进行的课堂教学观察和评价，如示范课、展示课、优质课例、获奖课例等，其观察与评价形式也是多种多样的，如现场观察评价、监视监听评价、录播评价等。评价者或者进入课堂实时实地观察并在课后及时与执教者面对面进行交流、分析、研讨；或者通过实时同步转播观察课堂、获取信息并记录自己的感想、看法、建议；或者对录播的课堂教学实录进行反复观看，甚至与其他录播影像进行对比观察，然后进行分析、研究、评判、学习。学习性评价目标明确，重在取他人之长补自己之短，着力发现执教者的优点、亮点、特点，再结合自身教学实际用以学习、参考和模仿；同时，学习性评价需要有意识地记录好执教者存在的明显不足甚至错漏，一则对能够面对面交流的执教者加以善意的提醒，二则也能在自身的教学实践中有意识地加以避免。

第五节　课堂教学评价的意义

现代教育评价理论认为，课堂教学评价的根本目的和意义在于改进课堂教学实践、提高课堂教学质量，从而最终促进学生身心成长和教师专业发展。

一、改进课堂教学实践

课堂教学评价具有较强的教学行为改进的导向功能，不限于执教者的课堂教学实践，也作用于观察评价者本人的教学实践。课堂教学评价能够有效地评析执教者课堂教学的状况和优缺点：执教者从课堂观察评价者的"旁观者清"的信息反馈和评价建议中获知自身教学的优劣和改进方向，尤其是课堂教学中"教"与"学"及其相关因素的选择、配置、详略、侧重等，从而有意识地转变教学观念、深化教学认知、增强教学修养、提升教学技能，发挥自身的创新意识和创新能力，有计划、有针对性地就课堂教学中"教"与"学"及其相关因素或者是整体框架与具体细节制定相应的改进策略和措施，在教学实践中循序渐进地加以尝试、改进、优化，从而达到改进自身课堂教学实践、优化课堂教学结构、提高课堂教学效率的目的。而对于课堂观察评价者而言，"他山之石，可以攻玉"，利用自身"置身事外"的观察评价者的特有视角，相对冷静、客观、准确地发现他人教学中的优劣并从中得到启迪和警示，以此为导向来促进自身教学修养的提高，助力自身课堂教学实践的改进。

二、提高课堂教学质量

课堂教学评价一方面"就事论事"，就课堂教学过程中呈现的教学事件、师生行为可能产生的教学价值和意义作出评判，肯定其有效甚至高效的教学行为，也指出其低效甚至无效的教学行为。前者在有限的教学时间内能够获得较高的教学价值和意义，也就成了课堂教学中的优点、亮点、特点；而后者则有害于课堂教学质量的进一步提高，也就是课堂教学中的缺点、暗点、弱点。课堂教学评价的另一方面是"就事论理"，即通过具体的课堂教学观察与评价举一反三、推事及理、言近旨远，从课堂教学的应然要求、方法规律及发展方向出发，针对课堂中低效甚至无效的教学行为，指出其改进方向甚至是提出具体策略，用于指导执教者后续的课堂教学实践，或借鉴于其他教师的课堂教学实践。无论是"就事论事"还是"就事论理"，其落脚点都是进一步提高课堂教学质量。

三、促进学生身心成长

课堂教学评价的视角不只是教师，还有学生。学生全面而有个性的发展是课堂教学的根本意义和价值所在，所以课堂教学评价的关涉项目应当更多地从学生身心成长的角度出发，包括学生在课堂教学过程中的知识获得与建构、方法掌握与运用、能力培育与提升、过程参与与深入、情感投入与互动、态度形成与端正、价值观培育与生成等。学生课堂活动参与的频率、深度、烈度、效果等是评价、判断课堂教学价值和意义的关键要素，因此，评价和建议也是指引教师改进、完善课堂教学实践的主要内容。因此，课堂教学评价应引导教师在课堂教学中大力采取自主、合作、探究的学习方式，激发学生课堂参与的主动性，让学生自主确定对自己有意义的学习目标、制定学习进度、发展各种思考策略和学习策略，有情感地投入学习、对活动行为进行自我监控，并实质性地、真实而深入地去思考、表达、讨论、交流、生成、创新；同时，学生与教师、同伴在相互尊重、彼此信任、民主平等的前提下交流、沟通、协调，达成共识、实现目标，从而在学习中获取高效的知识习得、能力培养以及进步、成功、发展、升华等积极的情感体验。如果做不到这一点，课堂教学评价就失去了它的根本价值和意义。

四、促进教师专业发展

课堂教学评价是教师了解自身教学现状和明确发展方向的一条重要途径，是促进教师专业发展的关键之道。无论是执教教师还是观课、评课教师，都会通过课堂观察评价发现一些值得发扬或借鉴的优质的教学行为、方法、路径、措施，也会分析出一些可以避免或有待改进、优化、完善的残缺之处。课堂教学评价为教师同伴之间提供了一个增进了解、互相学习、彼此切磋的重要窗口，使大家能够正确评估彼此课堂教学的水平、能力，了解自身与他人教学的优势、不足，也因此明确今后自身教学努力的方向并确定努力的对策。所以，课堂教学评价为促进教师专业发展提供了一个很好的平台。

第六节　高中数学"探究式学习模式"的课堂观察与评价

《普通高中数学课程标准（实验）》明确提出："学生的数学学习活动不应只限于接受、记忆、模仿和练习，高中数学课程还应倡导自主探索、动手实践、合作交流、阅读自学等学习数学的方式。这些方式有助于发挥学生学习的主动性，使学生的学习过程成为在教师引导下的'再创造'过程。"探究式学习是高中数学教学大纲的重要内容，也是一个需要研究的新课题，还是对传统教学及教师观念的挑战。"探究式学习模式"的教学需要教师充分理解实施探究式学习的意义，同时加强对学生探究式学习课题的选择与指导。探究式学习过程与传统教学学习过程最大的不同是：评价是探究式学习过程中的重要环节，对学习的评价要求也更高，合理、及时的评价对探究式学习的顺利进行起着重要的作用。传统意义上的对学生的课堂评价过于单调，不适合"探究式学习模式"。"探究式学习模式"的评价与传统的学习评价有着较大的区别，需要更加多样化与多元化。主要有以下几个方面的内容：

一、评价主体与被评价主体的多样化

传统的教学课堂以教师"教"、学生"学"为主，整个过程也仅以师生的交流为主，所以评价也是教师评价学生的单一方式。教师是学生学习结果评价的主体，通常是以分数来评价学生的学习情况，评价的语言也较少（优秀、良好、合格、不合格等简单、统一化的词语），通常也是等级性的，忽略了学生的个性。《普通高中数学课程标准（实验）》要求，在教师的引导下，学生从实际出发进行自主的探究性活动。所以探究式学习是一种在好奇心驱使下，以问题为导向，学生有高度智力投入且内容和形式都十分丰富的学习活动。在探究式学习过程中，学习的主体是学生，学习过程中存在学生与学生之间的交流、教师与学生之间的交流，重视学生在学习过程中的自我评价和自我改进，所以学习的评价主体应该由学生与教师共同承担，可以将自我评价、小组评价、教师评价及总评价相结合，使评价成为学生学会实践和反思、发现自我、欣赏别人的过程，同时，通过小组活动让学生在评价中发现自己的进步和认识自己的不足，培养他们的合作精神与竞争意识，以及听取别人批评意见的心理承受能力和诚恳友善对待伙伴的品质，但同时要强调评价的激励性，鼓励学生发挥自己的个性特长，施展自己的才华，努力形成激励广大学生积极进取、勇于创新的氛围。

其实，被评价也是一个很好的交流与反思的平台。既然在探究式学习中教师也是参与者，那么教师就应该改变观念，从单一的主评人转变成评价与被评价的主体。教师被评价的过程是一个与学生交流的过程，也是一个自我反思的过程，所以教师要摆正心态，不能害怕学生对自己的评价；相反，应利用这些评价更好地了解学生、引导学生。

二、评价手段与方式的多元化

在新课程中，评价目标不再是被量化成分数来决定一个学生学习的结果，来判断谁是优生谁是困难生，评价的目的应该是更好地促进学生个性化发展，使其形成优良的品质。所以"多元评价法"是对学习过程中个体的尊重。其实现在在考试试卷的设置中我们也能感受到评价体制的变化，如判卷时的"分步给分法"和"酌情给分法"。根据探究式学习的特点，评价方式与手段可以更灵活。

（1）按评价主体可以分为教师评价与学生的自评、互评相结合，小组评价与组内个人评价相结合，评价过程可以以定性评价与定量评价相结合的方式进行。

（2）按评价的时间可以分为即时评价与延迟评价。即时评价可以在学习过程中及时调整学习主体的探究方向，在讨论、交流中使学习主体互相取长补短，发挥学习共同体的作用，促使他们更积极主动地参与探究学习。延迟评价是新课程理念尊重个体差异的体现，在教学中，由于学生所处的文化环境、家庭背景和自身思维方式等的不同，学生之间在数学学习的发展上必然存在差异，应该允许一部分学生经过一段时间的努力，逐步达到可能达到的目标。特别是对于学习有困难的学生，这种延迟评价能让他们看到自己的进步，感受到成功的喜悦，从而激发其新的学习动力。这种延迟评价淡化了评价的筛选功能，突出反映了学生的纵向发展状况。

（3）按评价的表述可以分为言语评价（口头和书面语言）与非言语评价（包括情感评价和动作行为评价等）。例如，课堂上可以通过表情、动作与学生直接交流，尤其是学生在紧张状态下回答不出问题或是在精神不集中时，教师用充满希望的眼神、善意的提醒等来传达一种关爱，表达一种尊重、信任和激励，这种润物细无声的评价更能产生心与心的互动，其作用远大于随意的言语评价。此外，评价的时间也可以是随时的，而不是每次测试结果出来后，如可以在某次的作业后面采用书面语言进行评价。

（4）按评价的功能可以分为总结性评价、导向性评价、开放性评价、激励性评价。例如，对学生在学习过程中所表现出来的自主性、主动性、独创性等主体精神和品质进行激励评价，尽可能满足每个学生自尊、荣誉的心理需求，使其体验到成功的快乐，受到激励和鼓舞，以达到强化动机、增强信心和主动发展的目的。导向性评价在探究过程中可以为探究者指引正确的学习方向，使其及时调整好自己的位置。

三、评价内容的多样化

"探究式学习模式"的学习过程不再是完成一道数学题那么简单，而是包含着较多的个体活动，所以简单地用一个分数来量化或是用简单的等级评价是无法体现学生在学习过程中的表现的。"探究式学习模式"的评价内容应包括对学生的评价和对教师的评价。

（一）对学生的评价

对学生的评价包括学生的态度、情感、体验及思维发展等几个方面：

（1）对学生的参与态度的评价：参与的深度，是感性参与还是理性参与，抑或是创新参与；参与的态度，是主动参与、积极参与，还是被动参与；参与的广度，是全部参与、大部分参与，还是少数人参与。

（2）对学生的情感状态的评价：是否具有适度的紧张感和愉悦感，气氛活跃，保持良好的注意状态；是不是合作，是否实现了师生互动、生生互动，发扬团队精神。

（3）对学生获得的体验情况的评价：对学生在探究式学习活动各个环节中掌握和运用有关方法、技能的水平进行评价，如查阅和筛选资料、对资料归类和统计分析、使用新技术、对研究结果的表达与交流等。

（4）对学生的思维发展的评价：考查学生在一项探究活动中从发现和提出问题、分析问题到解决问题的全过程所显示出的探究精神和能力；通过活动前后的比较和几次活动的比较来评价其发展状态，看其是否引发大多数学生的积极思考，学生是否都能各尽所能地保持积极进取的心态。

（二）对教师的评价

对教师的评价主要包括教师的组织能力、教学态度、教学机智、教学境界等。

（1）对教师组织能力的评价：可以从教师组织教材、组织教学活动、组织语言的能力方面进行评价。

（2）对教师教学态度的评价：可以从教师在探究过程中对学生的情感、态度进行评价，如是否尊重、信任、关注、激励学生，是否及时反馈学生的信息等。

（3）对教师教学机智的评价：可以从教师能否在教学过程中根据课堂的突发情况，及时灵活调整，恰当处理等方面进行评价。

（4）对教师教学境界的评价：可以从教师的教学是否面向全体学生，是否有利于学生的全面发展、自主发展等方面进行评价。

教学评价主要是指对课堂教学活动过程与结果做出的一系列价值判断行为，评价行为贯穿整个教学活动的始终，而不只是在教学活动之后。数学"探究式学习模式"中的评价是多方面的，有学业成绩、知识能力与情感价值观等多方面的标准，但在技术方面更关注可测性和量化评价。其中，量化评价策略主要涉及学生学业成就的评价与教师教学专业活动的评价。学生学业成就的评价是指根据一定的标准，对学生的学习结果进行价值判断的活动，即测定或诊断学生是否达到教学目标及其达到目标的程度。因此，它是评价的主要内容，也是衡量"探究式学习模式"是否有效的重要指标。假如评价的结果是学生取得了进步，则说明该模式是有效的；假如评价的结果是学生没有什么进步，那么就说明这种模式没有多少效果。总之，"探究式学习模式"是为了给学生空间、时间、权利、机遇，让学生自己去锻炼、讨论、选择、寻找答案，而合理的评价体系在探究式学习过程中有着十分关键的作用，它尊重学生、尊重学情、从客观条件出发，利用评价的功能，发挥评价的作用，更好地服务教学。

高中数学
"探究式学习模式"的
课型分类与教学设计

第八章

第一节　高中数学"探究式学习模式"
概念课教学设计

数学概念是揭示现实世界空间关系和数量关系的思维形式，是客观事物数与形的本质属性的反映，而本质属性就是决定该事物之所以成为该事物并区别于其他事物的属性，是事物存在的根据，是与其他事物区分的标志。数学概念是数学大厦的基石，是构成判断、推理的基础，是导出数学定理、公式、法则等数学命题的逻辑依据。

概念的定义确定了概念的内涵和外延。概念的内涵是指某一类事物的共同本质属性，概念的外延是指概念所反映的对象的全体。内涵是概念的质的方面，即概念所反映的事物是什么样子的；外延是概念的量的方面，即概念的适用范围，它说明概念反映的是哪些事物。

数学概念的分类有多种方法和结果，我们比较认同下面的分类，即由数学概念的来源进行分类：一是对客观世界中的数量关系和空间形式的直接抽象，二是在已有数学理论基础上的逻辑建构。前一类概念称为原生性概念，如三角形、角、平行、相似、垂直等；后一类概念称为内生性概念，如方程、函数、向量数量积等。

数学概念课是指以数学"概念学习"为主要教学任务，以"概念获得"为主要教学目标的一种课型。高中数学概念课是指高中数学教学内容中需要单独设课讲授的、定义性概念的教学，如函数的概念，函数的单调性、奇偶性，任意角的三角函数，平面向量的数量积，复数的概念等。

数学学习离不开推理，推理离不开判断，而判断是以概念为基础的，理解概念是一切数学活动的基础，"数学是玩概念的"。因此，概念教学是数学教学不可或缺的重要组成部分。数学概念是数学思维的细胞，是反映现实世界空间形式和数量关系的本质属性的理性认识。

一、概念教学的价值

数学概念在数学中的重要地位决定了数学概念教学的重要性，无论是原生性数学概念还是内生性数学概念，其建构过程都是数学发展的重要环节，都是人们数学地分析问题、解决问题的过程，也是促进数学发展、建构数学理论的过程——这一过程充满着创新思维和理性光辉。数学概念高度凝结着数学家的思维，是数学地认识事物的思想精华，是数学家智慧的结晶，蕴含着丰富的创新教育素材。因而，数学概念教学的价值也要从它对学生创新意识和能力的培养、对学生发展的促进等方面进行认识。

二、数学概念课的基本特征

（一）抽象化特征

数学概念是"一般化抽象"或"分离式抽象"的结果，是理想化的思维构造。数学概念是感官对外在经验的活动或思考经由抽象之后所得到的数、量、形的性质，或是历代数学家把前代的概念结果更加抽象化、一般化而得来的。因此，抽象化是数学概念的一个基本特征。

（二）形式化特征

数学概念往往用特定的数学符号来表示，数学符号反映了概念的本质属性，符号表示简明准确，形式化定义是数学概念的基本呈现方式。

（三）系统化特征

数学概念是"抽象之上的抽象"，先前的概念往往是后续概念的基础，从而形成数学概念的系统结构。数学概念之间存在一定的逻辑关系，是在一个特定的概念系统中逐步建构的，概念之间的逻辑关系使得数学概念系统化。

（四）操作化特征

数学概念是一种程序性知识，兼具判定与性质两种功能。因此，操作化是数学概念的一个基本特征。

三、数学概念课的流程

数学概念是抽象思维的产物，具有高度的抽象性和概括性，因而，概念教学不能徘徊在概念的抽象层面，要从直观到抽象，由抽象再到直观和应用。数学概念教学要从情境问题出发，通过辨析、概括共同的本质属性，进而生成概念，并在应用中深化理解概念，力求让学生亲历概念的形成过程。数学概念课一般有五个环节：创设概念情境、概念产生、概念表述、概念辨析和概念应用。

四、数学概念教学的三种模式

（一）概念形成模式

如指数函数：具体例子—观察共性—抽象本质—形成定义—强化概念—概念应用—形成概念系。

（二）概念同化模式

如平面向量的数量积：先行组织者—定义概念—强化概念—概念应用—形成概念系。

（三）问题引申模式

如独立性检验：问题情境—问题解决—引入概念—强化概念—概念应用—形成概念系。

从数学教育角度出发，概念形成大致可以分为三个阶段：

（1）发现角度，呈现情境，辨析本质属性，概括出本质属性。

（2）完善过程，确认相关属性，概括、形成概念，用符号表示概念。

（3）应用过程，将新旧概念归类整理，按照相应属性关系进行编码，从而形成一个合理有序的概念系统。

数学概念可以分为六类：元素性概念、操作性概念、属性概念、关系性概念、度量性概念、观念性概念。

五、案例：《椭圆及其标准方程（一）》导学案

高中数学"探究式学习模式"概念课导学案模板见表 8-1-1。

表 8-1-1

年级	高一		科目	数学	课型	概念课
课时	1		课题			椭圆及标准方程（一）
学习目标	知识与技能		了解椭圆的实际背景，掌握椭圆的定义及其标准方程			
	过程与方法		通过引导学生亲自动手画椭圆，让学生发现椭圆的形成过程进而归纳出椭圆的定义，培养学生的动手能力、合作学习能力以及运用所学知识解决实际问题的能力			
	情感、态度与价值观		通过椭圆定义的获得培养学生探索数学的兴趣，使其懂得欣赏数学的简洁美，提高学生分析和解决问题的能力，发扬团结协作的精神			
学习重点难点	重点：椭圆的定义及其标准方程。 难点：椭圆标准方程的推导和化简					
前置任务	1. 同桌两个同学一组，一个同学取一条细绳（教师分发），把它的两端分别固定在圆珠笔芯的两端，然后把笔芯固定在数学书最后一页的空白纸上，另一个同学套上铅笔拉紧绳子，移动笔尖，问：画出的轨迹是什么曲线？ 2. 椭圆的定义是什么？如何理解？ 3. 如何推导椭圆的标准方程？怎样建立坐标系才能使椭圆的方程简单？ 4. 椭圆的标准方程有几个？里面的字母分别代表什么含义？					
导学过程						
环节	学习任务		时间分配（分钟）	学生活动与学法指导	教师活动与方法预设	备注
1	完成前置任务1		10	课前学生合作完成	动手实验	

导学过程					
环节	学习任务	时间分配（分钟）	学生活动与学法指导	教师活动与方法预设	备注
2	完成前置任务 2～4	30	课前学生自主完成	提前发放学案	
3	自主学习，合作探究	25	课堂师生、生生合作完成	适时引导	
4	有效训练，反馈展示	10	学生自主完成	抓住典型错误	
5	归纳梳理，整合内化	5	学生小组讨论交流后自己总结，教师提炼升华	知识点与方法的总结	
6	课后延伸，能力拓展	40	课后学生自主完成	选题承前启后	

（一）课前预习学案

学法指导：

（1）课前用 40 分钟左右的时间，预习课本《椭圆及其标准方程》的相关内容，完成前置任务 1～4。

（2）将自主复习中不能解决的问题用红色笔勾画出来，并写到"我的疑惑"处，课上讨论交流。

（二）课堂导入

1. 温故迎新

（1）曲线方程的定义。

（2）求曲线轨迹方程的一般步骤。

2. 问题情境

问题情境 1：实际生活中，同学们见过椭圆吗？能举出一些实例吗？

动手实验：同桌两个同学一组，一个同学取一条细绳（教师分发），把它的两端分别固定在圆珠笔芯的两端，然后把笔芯固定在数学书最后一页的空白纸上，另一个同学套上铅笔拉紧绳子，移动笔尖，问：画出的轨迹是什么曲线？

问题情境2：在这一过程中，你能说出移动的笔尖满足的几何条件吗？

（1）画出的图形都在同一张纸面上，这说明了什么？

（2）在绳长（设为 $2a$ ）不变的条件下，改变两个固定点 F_1 、F_2 之间的距离（设为 $2c$ ），画出的椭圆有何变化？如果 F_1 、F_2 固定，改变绳长，画出的椭圆又有何变化？

（3）当 F_1 、F_2 之间的距离等于绳长时，画出的图形是什么？

（4）当 F_1 、F_2 固定时，能使绳长小于 F_1 、F_2 之间的距离吗？能画出图形吗？

讨论：应该如何定义椭圆？能用你自己的语言表达出来吗？

3. 我的疑惑

请你将预习中未能解决的问题和疑惑的问题写下来，待课堂上与老师、同学共同探究解决。

（三）课堂探究学案

1. 自主学习，合作探究

（1）椭圆的定义。

平面内到两定点 F_1 、F_2 的距离之和等于一个常数（该常数大于 $|F_1F_2|$ ）的点的轨迹叫作椭圆（图 8 - 1 - 1），即若 M 为椭圆上任意一点，则 $|MF_1|+|MF_2|=2a$ ，$(2a>|F_1F_2|)$ ，且这两个定点 F_1 、F_2 叫作椭圆的焦点，两焦点的距离 $|F_1F_2|$ 叫作焦距。

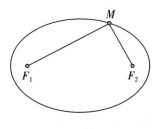

图 8 - 1 - 1

（2）注意事项。

① 定义中的限制条件："在平面内""之和""常数"等。

② 若 $2a > |F_1F_2|$，则点的轨迹是_____。

若 $2a = |F_1F_2|$，则点的轨迹是_____。

若 $2a < |F_1F_2|$，则点的轨迹是_____。

2. 自主学习，合作探究——椭圆标准方程的推导

（1）方程的推导。

使用"建设限（现）代化"的步骤。

问题：怎样建立坐标系才能使椭圆的方程简单？

① 建系：

② 设点：

③ 限制：

④ 代入：

⑤ 化简：

化简技巧小结：当方程中有两个根式时，如何化简单更迅速？

问题探究 1：你能在椭圆中（图 8 - 1 - 2）找出 a，c，$\sqrt{a^2 - c^2}$ 的线段吗？

我们可以令 $b = \sqrt{a^2 - c^2}$，得到焦点在 x 轴上的椭圆的标准方程为_____。

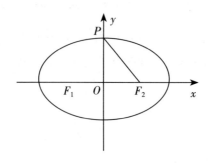

图 8 - 1 - 2

问题探究 2：如果焦点 F_1、F_2 在 y 轴上，且 $F_1(0, -c)$，$F_2(0, c)$，

a、b 的意义同上，那么椭圆的方程是什么？

（2）两种标准方程的比较（表 8 - 1 - 2）。

表 8 - 1 - 2

项目	内容	
椭圆方程		
焦点位置	焦点在 x 轴上	焦点在 y 轴上
图形		
焦点坐标		
a , b , c 之间的关系		

3. 有效训练，反馈展示

例 1 判断下列椭圆的焦点的位置，并求焦点坐标。

(1) $\dfrac{x^2}{100} + \dfrac{y^2}{64} = 1$；   (2) $\dfrac{x^2}{9} + \dfrac{y^2}{25} = 1$。

例 2 求满足下列条件的椭圆的标准方程。

(1) $a = \sqrt{6}$，$c = \sqrt{5}$，焦点在 x 轴上。

(2) 焦点为 F_1 (0，-3)，F_2 (0，3)，且 $a = 5$。

变式探究：

(1) 已知椭圆方程 $4x^2 + y^2 = 1$，求焦点坐标。

(2) 已知椭圆的焦距是 6，椭圆上一点到两个焦点的距离之和是 10，求椭圆的标准方程。

(3) 两个焦点分别是 F_1 (-2，0)，F_2 (2，0) 且过 P (2，3) 点的椭圆的标准方程。

(4) 求经过点 P (2，-3) 且与椭圆 $9x^2 + 4y^2 = 36$ 有共同焦点的椭圆的标准方程。

小结：求椭圆标准方程的步骤如下。

（1）定位：确定焦点所在的坐标轴。

（2）定量：求 a，b 的值。

4. 我的收获——归纳梳理，整合内化

学法指导：学生小组讨论交流后自己总结，教师提炼升华。

你在这堂课上学到了什么？还有什么疑问？

（1）知识网络：

（2）方法总结：

5. 布置作业

课本 P109 第 1、2 题。

（四）课后延伸，能力拓展

1. 到两定点 F_1（-2，0）和 F_2（2，0）的距离之和为 4 的点 M 的轨迹是（　　）。

A. 椭圆　　　　　　　　　　　B. 圆

C. 线段　　　　　　　　　　　D. 以上都不对

2. 命题甲：动点 P 到两定点 A，B 的距离之和 $|PA|+|PB|=2a$（$a>0$，且 a 为常数）；命题乙：P 点的轨迹是椭圆。命题甲是命题乙的（　　）。

A. 充分不必要条件　　　　　　B. 必要不充分条件

C. 充要条件　　　　　　　　　D. 既不充分又不必要条件

3. 椭圆两焦点的坐标分别是（0，8），（0，-8），且椭圆上一点到两个焦点的距离之和是 20，则此椭圆的方程是（　　）。

A. $\dfrac{x^2}{36}+\dfrac{y^2}{100}=1$ 　　　　　　B. $\dfrac{x^2}{400}+\dfrac{y^2}{336}=1$

C. $\dfrac{x^2}{100}+\dfrac{y^2}{36}=1$ 　　　　　　D. $\dfrac{x^2}{336}+\dfrac{y^2}{400}=1$

4. 曲线 $\dfrac{x^2}{25} + \dfrac{y^2}{9} = 1$ 与 $\dfrac{x^2}{25-k} + \dfrac{y^2}{9-k} = 1(0 < k < 9)$ 的关系是（　　　）。

A. 有相等的焦距，相同的焦点　　　B. 有相等的焦距，不同的焦点

C. 有不同的焦距，不同的焦点　　　D. 以上都不对

5. 若焦点在 x 轴上的椭圆的方程为 $\dfrac{x^2}{4} + \dfrac{y^2}{m} = 1$，（$m > 0$），焦距为 2，则

实数 $m =$ _____。

若椭圆的标准方程为 $\dfrac{x^2}{4} + \dfrac{y^2}{m} = 1$，（$m > 0$），焦距为 2，则实数 $m =$ ____。

6. 已知方程 $\dfrac{x^2}{25-m} + \dfrac{y^2}{16+m} = 1$，分别求方程满足下列条件的 m 的取

值范围。

① 表示一个圆；② 表示一个椭圆；③ 表示焦点在 x 轴上的椭圆；④ 表示

焦点在 y 轴上的椭圆。

7. 求以椭圆 $9x^2 + 5y^2 = 45$ 的焦点为焦点，且经过点 $(2, \sqrt{6})$ 的椭圆的标

准方程。

8. 求焦点在坐标轴上，且经过 $A(\sqrt{3}, -2)$，$B(-2\sqrt{3}, 1)$ 两点的椭圆

的标准方程。

第二节 高中数学"探究式学习模式"
复习课教学设计

数学复习课是高中数学课堂教学中的重要课型，它和概念课、习题课、知识探究课一样，教师应为学生主动参与和探索数学知识提供空间。但从目前教学现状看，学生做试卷、教师讲试卷成了数学复习课的常见形式。有效的数学学习活动不能单纯地依赖模仿与记忆，动手实践、自主探究与合作交流才是学生学习数学的重要方式。不论是新授课还是复习课，学生的数学学习活动都应当是一个生动活泼、主动和富有个性的过程，教师要让学生在自主探究和合作交流的过程中真正理解和掌握基本的数学知识与技能、数学思想和方法，获得深刻的数学活动经验。

一、高中数学复习课的价值

数学复习课是以内化学习为主要教学任务的课型。内化学习是指对过去的某一阶段内所学的知识进行梳理，形成较为完善的知识结构和有序的认知结构的过程。

高中数学复习课一般分为单元复习、学段复习和高考复习三种形式。虽然不同的复习形式有一定的差异，但是它们也存在共同的规律。

二、高中数学复习课的基本特征

（一）再现性

数学复习课要对学生学过的数学知识进行再现。需要注意的是，复习教学不是对已学数学知识的简单重复，而是在全面了解的基础上重组知识、完善知识结构。

（二）系统性

数学复习课要在再现已学知识的基础上，通过梳理，使数学知识系统化。这种系统化的工作要发挥学生的主体作用，让学生自主梳理知识。

（三）概括性

数学复习课要对已学知识中所蕴含的数学思想方法、解题策略进行概括和揭示。这种概括和揭示既可在整理数学知识的过程中进行，也可在解题示范的过程中完成。

（四）针对性

数学复习课要针对学生学习情况和复习目标，精选复习材料，突出复习重点，突破复习难点，及时查漏补缺；要根据学生的认知特点，由浅入深，逐步深化，分层推进。

（五）综合性

数学复习课要将梳理知识与解题训练结合起来，要帮助学生理解数学知识、优化数学思维，提高学生解决问题的能力。数学复习如果只停留在梳理知识层面，不进行解题训练，那么梳理出来的知识就不会正向迁移，不能使学生形成运用知识解决具体问题的能力；数学复习如果只停留在解题训练层面，不进行知识梳理，不揭示通性、通法和一般解题策略，那么解题训练只是具体解题方法与技巧的积累，不能使学生形成综合运用知识的能力。

三、高中数学"探究式学习模式"中复习课的具体操作模式

（一）精选适当难度的好题

问题是数学的心脏，设计一系列好的问题能激发学生的兴趣，培养学生的数学思维。著名数学教育家波利亚说过："教师应该能拿出一个有意义但又不太复杂的题目，去帮助学生挖掘问题的各个方面，使得通过这道题，就好像通过一扇门，把学生引入一个完整的理论领域。"首先，控制问题的难度。复习课中，许多教师都能选取若干类型的题目进行讲解或练习，然而却存在题目的选取或设计不够合理，讲解多、引导少等现象，结果往往是变了个题型学生又不知所措了。例如，数列不等式的难度从近年高考来看属于中等偏难，那么在课堂复习中不应选取更难的题目，宜选择处于学生"最近发展区"的题目。其次，选取或设计的问题应该是好题：一是类型较典型，能反映基本思想方法；二是思考空间大，能多角度思考突破口。最后，选题后有时还需对原题进行加工处理。例如，课堂的主要教学目标是数列不等式的突破，那么可以删去问题中的求通项的步骤，直接给出数列的通项公式。又如，可以将原题的不等式加强，使其成为一个变式题。结合以上原则，笔者精心选取了一些高考题和模拟题，并做了适当改编，使之符合课堂的教学目标。题目如下：

问题 1 数列 $\{a_n\}$ 的通项公式为 $a_n = 4n(n+1)$，试证明：对一切正整数 n，都有 $\dfrac{1}{a_1-1} + \dfrac{1}{a_2-1} + \dfrac{1}{a_3-1} + \cdots + \dfrac{1}{a_n-1} < \dfrac{2}{7}$。

问题 2 数列 $\{a_n\}$ 的通项公式为 $a_n = 2n$，试证明：对一切正整数 n，都有 $\dfrac{1}{a_1(a_1+1)} + \dfrac{1}{a_2(a_2+1)} + \cdots + \dfrac{1}{a_n(a_n+1)} < \dfrac{1}{3}$。

问题 3 数列 $\{a_n\}$ 的通项公式为 $a_n = 2^n - 1$，试证明：对一切正整数 n，都有 $\dfrac{1}{a_1} + \dfrac{1}{a_2} + \dfrac{1}{a_3} + \cdots + \dfrac{1}{a_n} < \dfrac{34}{21}$。

问题 4 数列 $\{a_n\}$ 的通项公式为 $a_n = 3^n - 2^n$，试证明：对一切正整数 n，都有 $\dfrac{1}{a_1} + \dfrac{1}{a_2} + \dfrac{1}{a_3} + \cdots + \dfrac{1}{a_n} < \dfrac{3}{2}$。

课堂重点突破问题 1 与问题 3,问题 2、问题 4 是对应的变式训练题。

(二)从学生错解导线索

在问题 1 中,有学生未认真思考就提出"$\dfrac{1}{a_n-1} < \dfrac{1}{a_n} = \dfrac{1}{4}\left(\dfrac{1}{n} - \dfrac{1}{n+1}\right)$",虽然这是个错误的放缩,但将 $\dfrac{1}{a_n-1}$ 分母中的 1 放缩掉是常见的放缩方式,他的想法还是不错的,这是个很好的引导时机。本人顺势提问:"有没有能将 1 放缩掉且还是放大的方法呢?"这样就有学生想到了真分数不等式 $\dfrac{1}{a_n-1} < \dfrac{2}{a_n} = \dfrac{1}{2}\left(\dfrac{1}{n} - \dfrac{1}{n+1}\right)$,然后本人引导学生观察如此放缩后求和是否能达到目标。事实上学生很快可以发现,全部都放缩时会超过目标 $\dfrac{2}{7}$,保留第一项不放缩也超过 $\dfrac{2}{7}$,……保留第四项还超过 $\dfrac{2}{7}$,在学生绝望之时,教师借助几何画板的计算功能展示,前 16 项不放缩时,有 $\dfrac{1}{a_1-1} + \dfrac{1}{a_2-1} + \cdots + \dfrac{1}{a_n-1} < 0.2852 < \dfrac{2}{7} \approx 0.2857$,成功了。但学生肯定不买账,确实,这是实际考场解题中的"失败",但此时恰恰可以很自然地引导学生思考使用真分数不等式不好用的原因,从而得到放缩时要注意放缩"力度"的感悟。

(三)从思维角度导精彩

在许多中等难度的数列不等式题目中,通过不同角度的放缩方式,可以得到不同复杂程度的问题解决方法。因此,教师应引导学生从问题的不同方面入手,在独立思考的基础上让学生合作探究,鼓励学生讲解思路,分享成果。

在问题 1 中,笔者提问:我们都知道要把通项放缩成裂项求和形式,那么请观察 $\dfrac{1}{a_n-1} = \dfrac{1}{4n^2+4n-1}$,可以放缩谁?

有学生指出,可以将分母中的 $4n$ 放缩掉,即可因式分解后裂项,但马上有学生质疑:将 $4n$ 放缩掉会不会又像使用真分数不等式那样复杂呢?笔者让学生展开深入探究,结果展示如下。

学生尝试 1：将 $\dfrac{1}{a_n-1}=\dfrac{1}{4n^2+4n-1}$ 中的 $4n$ 放缩掉，然后裂项求和，即

有 $\dfrac{1}{4n^2+4n-1}<\dfrac{1}{4n^2-1}=\dfrac{1}{(2n-1)(2n+1)}=\dfrac{1}{2}\left(\dfrac{1}{2n-1}-\dfrac{1}{2n+1}\right)$。学生经

过计算发现，当 $n\geqslant 4$ 时，$\dfrac{1}{7}+\dfrac{1}{23}+\cdots+\dfrac{1}{4n^2+4n-1}<\dfrac{1}{7}+\dfrac{1}{23}+\dfrac{1}{47}+\dfrac{1}{2}$

$\left[\left(\dfrac{1}{7}-\dfrac{1}{9}\right)+\left(\dfrac{1}{9}-\dfrac{1}{11}\right)+\cdots+\left(\dfrac{1}{2n-3}-\dfrac{1}{2n-1}\right)+\left(\dfrac{1}{2n-1}-\dfrac{1}{2n+1}\right)\right]<\dfrac{1}{7}+\dfrac{1}{23}+\dfrac{1}{47}$

$+\dfrac{1}{14}<\dfrac{2}{7}$。

学生尝试 2：$\dfrac{1}{4n^2+4n-1}<\dfrac{1}{4n^2+3n-1}=\dfrac{1}{(n+1)(4n-1)}=\dfrac{1}{5}$

$\left(\dfrac{1}{n-\dfrac{1}{4}}-\dfrac{1}{n+1}\right)$，发现裂项后不能前后相消，这也提醒学生放缩后要保证能

求和。

学生尝试 3：吸取尝试 2 中将 $4n$ 放缩成 $3n$ 不可求和的教训，将放缩对象放

在常数 1 上，即有 $\dfrac{1}{4n^2+4n-1}<\dfrac{1}{4n^2+4n-3}=\dfrac{1}{(2n-1)(2n+3)}=\dfrac{1}{4}$

$\left(\dfrac{1}{2n-1}-\dfrac{1}{2n+3}\right)$。当 $n\geqslant 3$ 时，$\dfrac{1}{7}+\dfrac{1}{23}+\cdots+\dfrac{1}{4n^2+4n-1}<\dfrac{1}{7}+\dfrac{1}{23}+\dfrac{1}{4}$

$\left[\left(\dfrac{1}{5}-\dfrac{1}{9}\right)+\left(\dfrac{1}{7}-\dfrac{1}{11}\right)+\cdots+\left(\dfrac{1}{2n-3}-\dfrac{1}{2n+1}\right)+\left(\dfrac{1}{2n-1}-\dfrac{1}{2n+3}\right)\right]<\dfrac{1}{7}+\dfrac{1}{23}+\dfrac{1}{4}$

$\left(\dfrac{1}{5}+\dfrac{1}{7}\right)<\dfrac{1}{7}+\dfrac{1}{14}+\dfrac{1}{14}=\dfrac{2}{7}$。这种方法比放缩掉 $4n$ 的方法更简单了。

以上尝试的出发点均在 $\dfrac{1}{4n^2+4n-1}$ 上，但证明题往往也可以从目标出发，此

题的证明目标是"$<\dfrac{2}{7}$"，由经验可猜想先证"$<\dfrac{2}{7}\left[\left(1-\dfrac{1}{2}\right)+\left(\dfrac{1}{2}-\dfrac{1}{3}\right)+\cdots+\right.$

$\left.\left(\dfrac{1}{n}-\dfrac{1}{n+1}\right)\right]$"，即只要证 $\dfrac{1}{4n^2+4n-1}<\dfrac{2}{7}\left(\dfrac{1}{n}-\dfrac{1}{n+1}\right)$ 成立，即可证明不等式成

立。这种思路学生不一定能想到，教师可直接展示，并让学生自行证明

$\dfrac{1}{4n^2+4n-1} < \dfrac{2}{7}\left(\dfrac{1}{n}-\dfrac{1}{n+1}\right)$。结果学生惊讶地发现 $n \geqslant 2$ 时不等式恒成立，课堂气氛随之达到高潮。

前面的精彩毕竟是在教师的引导之下产生的，因此问题 1 解决过后还需用变式题进行训练，这是检验刚刚所学方法的机会，也是将新方法内化为自身技能的必要手段。问题 2 无论是题目形式还是解决方法都与问题 1 有联系，是巩固学生课堂学习成果的好题目。

（四）从思想方法导迁移

1. 利用结构上的相似性，引导学生思想方法的迁移

前面的问题 1 和问题 2 让学生回忆和巩固了解决一类数列不等式问题的基本思路与方法，而问题 3、问题 4 则将进一步提升学生对于数列不等式常见题型的解决能力。实现这个目标需要在课堂中重视学生学习的迁移，特别是思想方法的迁移。

问 1：对比问题 1 中的 $\dfrac{1}{a_n-1}=\dfrac{1}{4n^2+4n-1}$ 和问题 3 中的 $\dfrac{1}{a_n}=\dfrac{1}{2^n-1}$，二者有何相似之处？如何处理问题 3？

学生容易发现两个式子中都有 1 的存在，恰恰是 1 导致式子本身不可求和。将问题 1 中的 1 放缩掉即可裂项求和，而将 $\dfrac{1}{a_n}=\dfrac{1}{2^n-1}$ 的 1 放缩掉形成等比数列也可求和。事实上这就是一种迁移，当然也是一种浅层次的迁移。

问 2：问题 1 的其中一种方法是 $\dfrac{1}{4n^2+4n-1} < \dfrac{1}{4n^2+4n-3} = \dfrac{1}{4}\left(\dfrac{1}{2n-1}-\dfrac{1}{2n+3}\right)$，其中核心技巧是将 1 放缩成 3 从而可以进行因式分解，进而裂项相消。那么 $\dfrac{1}{2^n-1}$ 呢？

经过思考，学生发现，关键在于放缩后可以进行因式分解，进而化成等比数列求和，于是有

$$\dfrac{1}{a_n}=\dfrac{1}{2^n-1} < \dfrac{1}{2^n-2}=\dfrac{1}{2}\cdot\dfrac{1}{2^{n-1}-1}=\dfrac{1}{2}\cdot\dfrac{1}{a_{n-1}}, \text{ 即 } \dfrac{1}{a_n} < \dfrac{1}{2}\cdot\dfrac{1}{a_{n-1}}$$

$$\therefore \frac{1}{a_1} + \frac{1}{a_2} + \frac{1}{a_3} + \cdots + \frac{1}{a_n} = \frac{1}{1} + \frac{1}{3} + \frac{1}{7} + \cdots + \frac{1}{2^n - 1} < \frac{1}{1} + \frac{1}{3} + \frac{1}{7} + \frac{1}{2} \cdot \frac{1}{7} +$$

$$\left(\frac{1}{2}\right)^2 \cdot \frac{1}{7} \cdots + \frac{1}{7 \cdot 2^{n-3}}$$

$$= \frac{1}{1} + \frac{1}{3} + \frac{2}{7} \cdot \left[1 - \left(\frac{1}{2}\right)^{n-2}\right] < 1 + \frac{1}{3} + \frac{2}{7} = \frac{34}{21}$$

结合学生的反应，笔者引导学生做如下分析：可考虑将 $\frac{1}{a_n} = \frac{1}{2^n - 1}$ 中的 1 放缩为 2^n 的倍数，即 $\frac{1}{a_n} = \frac{1}{2^n - 1} < \frac{1}{2^n - p2^n}$，其中 p 的大小要控制好。接着让学生取具体的一些数作为 p 代入尝试。

经过实验，可取 $p = \frac{1}{15}$，此时 $\frac{1}{15} \cdot 2^4$ 只是微微大于 1，有

$$\frac{1}{a_1} + \frac{1}{a_2} + \frac{1}{a_3} + \cdots + \frac{1}{a_n} = \frac{1}{1} + \frac{1}{3} + \frac{1}{7} + \frac{1}{2^4 - 1} \cdots + \frac{1}{2^n - 1} < \frac{1}{1} + \frac{1}{3} + \frac{1}{7}$$

$$+ \frac{1}{2^4 - \frac{1}{15} \cdot 2^4} \cdots + \frac{1}{2^n - \frac{1}{15} \cdot 2^n} = \frac{1}{1} + \frac{1}{3} + \frac{1}{7} + \frac{15}{14} \cdot \left[\frac{1}{2^4} + \frac{1}{2^5} \cdots + \frac{1}{2^n}\right] < \frac{1}{1} + \frac{1}{3}$$

$$+ \frac{1}{7} + \frac{15}{14} \cdot \frac{\frac{1}{2^4}}{1 - \frac{1}{2}} = \frac{1}{1} + \frac{1}{3} + \frac{1}{7} + \frac{15}{14} \cdot \frac{1}{8} < \frac{1}{1} + \frac{1}{3} + \frac{1}{7} + \frac{1}{7} = \frac{34}{21}。$$

证明成功，且发现原不等式还可加强。

通过前面的尝试，学生会发现，原来放缩的程度还可以如此调节，其中的 p 如同一个调节阀。学生从中还有了做数学实验的感觉，极大地激发了自主探索的兴趣。另外，在此问题的解决过程中，学生的迁移水平得到了提高，他们认识到了解决问题的关键在于放缩成可求和。例如，将 $\frac{1}{2^n - 1}$ 改成 $\frac{1}{2^n - 2}$，其本质还是一样，只要将 $\frac{1}{2^n - 2}$ 放缩成 $\frac{1}{2^n - p \cdot 2^n}$ 这种等比数列即可。

又如，问题 4 也是个很好的变式题。其中的 $\frac{1}{a_n} = \frac{1}{3^n - 2^n}$ 一样可以放缩成

$\dfrac{1}{3^n - p \cdot 3^n}$（如 $p = \dfrac{1}{2}$）这种等比数列，甚至可放缩成 $\dfrac{1}{2^n}$（只需证明 $n \geqslant 2$ 时 $3^n - 2^n \geqslant 2^n$）。

2. 注意定式的两面性，引导学生进行正迁移

定式是关于选择活动方向的一种倾向性，其影响既可以起促进作用，也可以起阻碍作用。例如，问题：数列 $\{a_n\}$ 的通项公式为 $a_n = \dfrac{2}{3}\left[2^n - (-1)^n\right]$，试证明：对一切正整数 n，都有 $\dfrac{1}{a_1} + \dfrac{1}{a_2} + \dfrac{1}{a_3} + \cdots + \dfrac{1}{a_n} < 3$。在问题 3 解决活动的定式下，同样容易想到将 $\dfrac{1}{a_n}$ 放缩成等比数列，考虑到 $(-1)^n$ 与 n 的奇偶性有关，可以先讨论当 n 为偶数时，有 $\dfrac{1}{a_{n-1}} + \dfrac{1}{a_n} = \dfrac{3}{2} \cdot \left[\dfrac{1}{2^{n-1}+1} + \dfrac{1}{2^n - 1}\right] = \dfrac{3}{2} \cdot$

$\dfrac{2^{n-1} + 2^n}{2^{n-1} \cdot 2^n + 2^n - 2^{n-1} - 1} = \dfrac{3}{2} \cdot \dfrac{2^{n-1} + 2^n}{2^{n-1} \cdot 2^n + 2^{n-1} - 1} < \dfrac{3}{2} \cdot \dfrac{2^{n-1} + 2^n}{2^{n-1} \cdot 2^n} = \dfrac{3}{2}\left[\dfrac{1}{2^{n-1}} + \dfrac{1}{2^n}\right]$

$(n \geqslant 2)$，从而成功变成可求和的式子。

前面的例子体现了定式对迁移的促进作用，但正是所用的思想方法都是试图放缩为等比数列求和，容易导致思想行为僵化，表现出一种负迁移的消极作用。例如，再次回到问题 3 中，学生的反应肯定是要放缩成等比数列求和，觉得其他方法不可能或根本不考虑。然而，数列不等式的证明却可以出人意料得灵活，甚至让人感到鬼使神差般神奇。问题 3 不但可以通过放缩成等比数列来证明，还可以通过放缩成裂项求和的形式来证明：

当 $n > 3$ 时，$\dfrac{1}{2^n - 1} < \dfrac{1}{2^n - 2} = \dfrac{1}{2^{n-1} - 1} - \dfrac{1}{2^n - 2} < \dfrac{1}{2^{n-1} - 1} - \dfrac{1}{2^n - 1}$

$\therefore \dfrac{1}{a_1} + \dfrac{1}{a_2} + \dfrac{1}{a_3} + \cdots + \dfrac{1}{a_n} = \dfrac{1}{1} + \dfrac{1}{3} + \dfrac{1}{7} + \cdots + \dfrac{1}{2^n - 1} = \dfrac{1}{1} + \dfrac{1}{3} + \dfrac{1}{7} + \dfrac{1}{2^4 - 1} \cdots$

$+ \dfrac{1}{2^n - 1} < \dfrac{1}{1} + \dfrac{1}{3} + \dfrac{1}{7} + \left(\dfrac{1}{2^3 - 1} - \dfrac{1}{2^4 - 1}\right) + \left(\dfrac{1}{2^4 - 1} - \dfrac{1}{2^5 - 1}\right) + \cdots +$

$\left(\dfrac{1}{2^{n-1} - 1} - \dfrac{1}{2^n - 1}\right) = \dfrac{1}{1} + \dfrac{1}{3} + \dfrac{1}{7} + \left(\dfrac{1}{2^3 - 1} - \dfrac{1}{2^n - 1}\right) = \dfrac{34}{21} - \dfrac{1}{2^n - 1} < \dfrac{34}{21}$

同样，对于问题 4，笔者要求学生不用放缩为等比数列的方法来证明，尝试

考虑其他思路。结果学生发现，竟然还是可以用放缩成裂项求和的形式来证明：

$$\frac{1}{3^n-2^n} < \frac{3^n-\frac{1}{2}\cdot 2^n}{(3^n-2^n)\left(3^n-\frac{2}{3}\cdot 2^n\right)} = \frac{3}{2}\cdot\frac{2\left(3^n-\frac{1}{2}\cdot 2^n\right)}{3(3^n-2^n)\left(3^n-\frac{2}{3}\cdot 2^n\right)} = \frac{3}{2}\cdot$$

$$\frac{2\cdot 3^n-2^n}{(3^n-2^n)(3^{n+1}-2^{n+1})} < \frac{3}{2}\cdot\frac{(3^{n+1}-2^{n+1})-(3^n-2^n)}{(3^n-2^n)(3^{n+1}-2^{n+1})} = \frac{3}{2}\cdot\left[\frac{1}{3^n-2^n}-\frac{1}{3^{n+1}-2^{n+1}}\right]$$

从而 $\frac{1}{a_1}+\frac{1}{a_2}+\frac{1}{a_3}+\cdots+\frac{1}{a_n} < \frac{3}{2}\cdot\left[\left(1-\frac{1}{5}\right)+\left(\frac{1}{5}-\frac{1}{19}\right)+\cdots+\left(\frac{1}{3^n-2^n}-\right.\right.$

$$\left.\left.\frac{1}{3^{n+1}-2^{n+1}}\right)\right] < \frac{3}{2}$$

此方法虽然烦琐，却颇有魔术般的变化效果。其中所展现的殊途同归之妙，值得学生细细回味。更重要的是，通过此法可以告诫学生，在学习的迁移过程中，要重视定式对类似问题解决思路的促进作用，也要防止过度的定式形成僵化的解题思路。

四、高中数学"探究式学习模式"中复习课的感悟与反思

（一）问题设计的质量高低决定学生能力提升空间的大小

高质量的问题设计可以有效激发学生的思维活动，让学生把握思想方法的本质，并可以让学生在今后站在比较高的角度看待类似问题。例如，笔者在数列不等式的复习课中设计的几个问题，在一定程度上唤醒了学生原有的思维，催生了新异想法，让学生深刻理解数列不等式证明的两种基本思路：一是放缩成裂项求和的形式来证明，二是放缩成等比数列的形式来证明。两者的本质思想就是将不可求和放缩成可求和。事实上，学生在后续复习中解决相关变式题时，能比较灵活地将放缩的基本思路进行迁移应用。

例如，数列 $\{a_n\}$ 的通项公式为 $a_n = -\left(\frac{1}{2}\right)^n$，记作 $c_n = \frac{1}{1-a_n}+\frac{1}{1+a_{n+1}}$，试

证明：对一切正整数 n，都有 $c_1+c_2+\cdots+c_n > 2n-\frac{1}{4}$。一些学生从将 $c_n =$

$2-\frac{2^n-2}{(2^n+1)(2^{n+1}-1)}$ 中的 $\frac{2^n-2}{(2^n+1)(2^{n+1}-1)}$ 放缩成等比数列求和的角度来

处理，其中的核心步骤是 $\dfrac{2^n-2}{(2^n+1)(2^{n+1}-1)} < \dfrac{2^n-2}{(2^n+1)(2^{n+1}-4)} =$

$\dfrac{1}{2(2^n+1)} < \dfrac{1}{2^{n+1}}$。能做出如此漂亮的放缩变化从而突破整个问题的难点，学生的成就感可想而知，学生能力的提升不言自明。

还有一些学生则干净利落地将 $\dfrac{1}{2^n+1} - \dfrac{1}{2^{n+1}-1}$ 中的两个 1 都放缩掉，变成

裂项求和的形式：当 $n \geq 2$ 时，$\dfrac{1}{2^n+1} - \dfrac{1}{2^{n+1}-1} < \dfrac{1}{2^n} - \dfrac{1}{2^{n+1}}$。此法一样非常漂亮，数学的直觉思维和逻辑思维得到了很好的体现。

（二）复习课中要引导学生对思想方法的异同做对比

数学的各种思想方法都有其适用性，教师在课堂中尤其要重视引导学生对各种思想方法做对比分析，从而使学生深刻理解其作用机制。例如，问题 2 是问题 1 的变式题，两题放缩的方式有相似的地方，教师可以让学生课后通过填表 8 - 2 - 1 自行进行对比分析：

表 8 - 2 - 1

对比	相似的放缩方式	对比分析
对比 1	$\dfrac{1}{4n^2+4n-1} < \dfrac{1}{4n^2+4n-3} = \dfrac{1}{4} \cdot \left(\dfrac{1}{2n-1} - \dfrac{1}{2n+3} \right)$	
	$\dfrac{1}{4n^2+2n} < \dfrac{1}{4n^2+2n-\frac{3}{4}} = \dfrac{1}{2} \cdot \left(\dfrac{1}{2n-\frac{1}{2}} - \dfrac{1}{2n+\frac{3}{2}} \right)$	
对比 2	$\dfrac{1}{4n^2+4n-1} < \dfrac{1}{4n^2-1} = \dfrac{1}{2} \cdot \left(\dfrac{1}{2n-1} - \dfrac{1}{2n+1} \right)$	
	$\dfrac{1}{2n(2n+1)} < \dfrac{1}{(2n-1)(2n+1)} = \dfrac{1}{2} \cdot \left(\dfrac{1}{2n-1} - \dfrac{1}{2n+1} \right)$	
对比 3	$\dfrac{1}{4n^2+4n-1} \leq \dfrac{2}{7} \cdot \left(\dfrac{1}{n} - \dfrac{1}{n+1} \right)$	
	$\dfrac{1}{4n^2+2n} \leq \dfrac{1}{3} \cdot \left(\dfrac{1}{n} - \dfrac{1}{n+1} \right)$	

相信学生对上述表格进行仔细分析后一定会对放缩的技巧有新的认识，并且在如此做法中形成一份浓缩了的精华的复习素材。事实上，如能引导学生坚

持对重难点和易错点进行分析，并以恰当形式记录形成素材，将有助于完善学生的知识网络，其所形成的素材库也将方便于学生课后的自主探究复习。

五、案例：《函数与方程》导学案

高中数学"探究式学习模式"复习课导学案模板见表 8 - 2 - 2。

表 8 - 2 - 2

年级	高三	科目	数学	课型	复习课
课时	1	课题	函数与方程		
学习目标	1. 了解函数的零点与方程根的联系。 2. 会判断函数零点所在区间以及求函数零点的个数				
学习重点难点	重点：判断函数零点所在区间与求函数零点个数。 难点：利用函数零点个数求参数的取值范围				
考情分析	1. 函数零点个数、存在区间及方程解的确定与应用有可能会成为高考的热点。 2. 估计会与函数的图象与性质交汇命题，主要考查函数与方程、转化与化归、数形结合思想。 3. 题型以选择题和填空题为主，若与导数综合，则以解答题形式出现，属中、高档题				

		导学过程			
环节	学习任务	时间分配（分钟）	学生活动与学法指导	教师活动与方法预设	备注
1	完成预习学案	30	课前学生自主完成	提前发放学案	
2	自主学习，合作探究	5	课堂师生、生生合作完成	适时引导	
3	有效训练，反馈展示	30	学生自主完成	抓住典型错误	
4	归纳梳理，整合内化	5	学生小组讨论交流后自己总结，教师提炼升华	知识点与方法的总结	
5	课后延伸，能力拓展	10	课后学生自主完成	选题承前启后	

（一）课前预习学案

学法指导：

（1）课前用20分钟左右的时间，复习课本《函数与方程》的相关内容，熟记基础知识，自主高效复习，完成课前预习学案中的"知识回顾"的内容。

（2）结合课本的基础知识和例题，用10分钟左右的时间完成"课前热身"的内容。

（3）将自主复习中不能解决的问题用红色笔勾画出来，并写到"我的疑惑"处，课上讨论交流。

（二）教学过程

1. 知识回顾

（1）函数零点的定义。

对于函数 $y = f(x)(x \in \mathbf{R})$，把使 $f(x) = 0$ 的实数 x 叫作函数 $y = f(x)(x \in \mathbf{R})$ 的零点。

（2）函数零点与方程根的关系。

函数 $y = f(x)$ 有零点 $\Leftrightarrow$ 方程 $f(x) = 0$ 有根 $\Leftrightarrow$ 函数 $y = f(x)$ 的图象与 x 轴有交点。

（3）零点存在性定理。

如果函数 $y = f(x)$ 满足：

① 在区间 $[a, b]$ 上的图象是连续不断的一条曲线；

② $f(a) \cdot f(b) 0$ 。

则函数 $y = f(x)$ 在 (a, b) 上存在零点，即存在 $x_0 \in (a, b)$，使得 $f(x_0) = 0$ ，这个 x_0 也就是方程 $f(x) = 0$ 的根。

2. 课前热身

（1）已知函数 $f(x)$ 的图象是连续不断的，且有表 8 - 2 - 3 中的对应值。

表 8 - 2 - 3

x	1	2	3	4	5
$f(x)$	-4	-2	1	4	7

在下列区间中，函数 $f(x)$ 必有零点的区间为（　　　）。

A. $(1, 2)$　　　　　　　　　　B. $(2, 3)$

C. $(3, 4)$　　　　　　　　　　D. $(4, 5)$

（2）函数 $f(x) = x^3 + 2x - 1$ 的零点所在的大致区间是（　　　）。

A. $(0, 1)$　　　　　　　　　　B. $(1, 2)$

C. $(2, 3)$　　　　　　　　　　D. $(3, 4)$

（3）满足方程 $\ln(x) + x - 4 = 0$ 的 x_0 属于区间（　　　）。

A. $(0, 1)$　　　　　　　　　　B. $(1, 2)$

C. $(2, 3)$　　　　　　　　　　D. $(3, 4)$

（4）函数 $f(x) = \begin{cases} x^2 - 2, & x \leq 0 \\ 2x - 6 + \ln x, & x > 0 \end{cases}$　的零点个数是＿＿＿＿＿＿。

3. 我的疑惑

请你将预习中未能解决的问题和疑惑的问题写下来，待课堂上与老师、同学共同探究解决。

（三）课堂探究学案

1. 概念辨析——自主学习，合作探究

学法指导： 请同学们利用 5 分钟的时间，结合自己预习中的疑惑开始下面的合作探究学习。

例 1　判断正误。（正确的打"√"，错误的打"×"）

（1）函数 $y = f(x)$ 在区间 (a, b) 内有零点（函数图象连续不断），则 $f(a) \cdot f(b) < 0$。（　　　）

（2）若 $f(x)$ 在区间 $[a, b]$ 上连续不断，且 $f(a) \cdot f(b) > 0$，则 $f(x)$ 在 (a, b) 内没有零点。（　　　）

2. 考点突破——有效训练，反馈展示

学法指导：请同学们利用 30 分钟的时间，由各小组自主合作交流完成，推荐代表上台展示。

考点一：判断函数零点所在区间

例 2（1） 下列函数中，在区间（-1，1）内有零点且单调递增的是（   ）。

A. $y = \log_{\frac{1}{2}} x$ 　　　　　　　　B. $y = 2^x - 1$

C. $y = x^2 - \dfrac{1}{2}$ 　　　　　　　　D. $y = -x^3$

例 2（2） 已知函数 $f(x) = \dfrac{6}{x} - \log_2 x$，在下列区间中，包含 $f(x)$ 的零点的区间是（   ）。

A.（0，1） 　　　　　　　　B.（1，2）

C.（2，4） 　　　　　　　　D.（4，+∞）

例 2（3） 已知实数 $a > 1$，$0 < b < 1$，则函数 $f(x) = a^x + x - b$ 的零点所在的区间是（   ）。

A.（-2，-1） 　　　　　　　　B.（-1，0）

C.（0，1） 　　　　　　　　D.（1，2）

方法提炼：判断函数零点所在区间的方法。

考点二：确定函数零点的个数

例 3（1） 函数 $f(x) = \dfrac{x}{e^x}$ 的零点个数是_____。

例 3（2） 已知 $f(x) = \begin{cases} x + 3, & x \leq 1 \\ -x^2 + 2x + 3, & x > 1 \end{cases}$，则函数 $g(x) = f(x) - e^x$ 的零点个数为_____。

例 3（3） $f(x) = 2\sin\pi x - x + 1$ 的零点个数为（   ）个。

A. 4 　　　　　　　　B. 5

C. 6 　　　　　　　　D. 7

方法提炼：判断函数零点个数的方法。

考点三　函数零点的应用

例 4（1）　函数 $f(x) = 2^x - \dfrac{2}{x} - a$ 的一个零点在区间（1，2）内，则实数 a 的取值范围是（　　）。

A.（1，3）　　　　　　　　　B.（1，2）

C.（0，3）　　　　　　　　　D.（0，2）

例 4（2）　已知函数 $f(x) = \begin{cases} 2^x - 1, & x > 0 \\ -x^2 - 2x, & x \leqslant 0 \end{cases}$，若函数 $g(x) = f(x) - m$ 有 3 个零点，则实数 m 的取值范围是＿＿＿＿。

例 4（3）　（2018 · 全国卷 I）已知函数 $f(x) = \begin{cases} e^x, & x \leqslant 0 \\ \ln x, & x > 0 \end{cases}$，$g(x) = f(x) + x + a$。若 $g(x)$ 存在 2 个零点，则 a 的取值范围是（　　）。

A.[-1，0）　　　　　　　　B.[0，+∞）

C.[-1，+∞）　　　　　　　D.[1，+∞）

方法提炼：函数零点应用问题的常见类型及解题策略。

3. 我的收获——归纳梳理，整合内化

学法指导：学生小组讨论交流后自己总结，教师提炼升华。

你在这堂课上学到了什么？

（1）知识网络：

（2）方法总结：

4. 作业——课后延伸，能力拓展

课时作业本十一《函数与方程》基础夯实组。

（四）课后延伸，能力拓展

1. 设函数 $f(x) = 2^{|x|} + x^2 - 3$，则函数 $y = f(x)$ 的零点个数是（　　）个。

A. 4　　　　　　　　　　　B. 3

C. 2　　　　　　　　　　　D. 1

2. 已知函数 $f(x) = \begin{cases} 0, & x \leqslant 0 \\ e^x, & x > 0 \end{cases}$ ，则使函数 $g(x) = f(x) + x - m$ 有零点的实

数 m 的取值范围是（　　　）。

A. $[0, 1)$

B. $(-\infty, 1)$

C. $(-\infty, 1] \cup (2, +\infty)$

D. $(-\infty, 0] \cup (1, +\infty)$

3. 已知函数 $f(x) = \begin{cases} x^2, & x \leqslant 0 \\ |\ln x|, & x > 0 \end{cases}$ ，则函数 $y = 2f^2(x) - 3f(x)$ 的零点个数

是_____。

第三节　高中数学"探究式学习模式"解题课教学设计

解题就是解决问题，数学解题就是求出数学题的答案。数学解题课是关于如何寻求数学问题答案以及正确求出答案的教学活动。数学解题教学是数学教学的重要组成部分，它和数学概念教学、数学命题教学互相联系、互相促进。解题课教学在帮助学生发展数学知识结构，掌握数学技能，形成和促进思维能力，培养和造就创造性等方面起着其他形式不可替代的作用。

解题是学习数学的重要内容，也是数学高考的考查方式，因而，如何解题成为数学教学的重要任务，解题研究也成为数学教师的一个重要研究方向。

数学解题课是以"概念和命题的运用、问题解决和创造"为主要教学任务，以培养学生的数学思维素养为目标的一种课型。

解题是数学学习中不可缺少的活动。数学解题一般要经历审题、探究、表达、回顾、反思等过程。

一、解题课的几个基本特征

（一）审题的目标性

在解题教学中，教师通过引导学生审题，帮助学生认识题目的条件和结论，挖掘题目的隐含条件，明确解题目标，树立"目标导航"意识。

（二）探究的启发性

在解题教学中，教师要引起学生的思维冲突，激活学生的思维；要尽可能地站在学生的角度去思考问题，通过及时启发、引导、点拨，启迪学生思维，通过引导学生分析解题思路，探索解题途径。

（三）表达的示范性

在解题教学中，教师要规范表达解题过程，充分发挥例题的教学功能，让学生掌握解题的思维策略，掌握基本的解题模式和解题技能。

（四）回顾的思想性

解题教学要突出数学教学的思想方法。数学思想方法的渗透应如春雨润物般进行，教师可通过引导学生回顾解题过程，提炼总结解题方法，帮助学生感悟数学思想方法，优化学生的思维，促进学生数学思维的高度发展。

（五）反思的创新性

在解题教学中，教师要通过方法变式，防止学生形成僵化的思维定式，培养学生思维的广阔性与灵活性；通过变式探究，引导学生合理变题，加深学生对数学问题本质的理解，培养学生思维的深刻性；通过解题反思，优化学生的思维品质，培养学生思维的批判性，培养学生的创新意识。

二、解题课存在的主要问题

目前，解题教学存在的主要问题在于一题一讲，缺乏提炼与重组；教师讲解多，学生思考少；学生操练活动多，思路探究活动少，从而导致下列现象频现。

（一）"懂而不会"现象

在教学中，经常遇到的一个现象是：学生听明白了，但还是不会做题。其实，"明白了"与"会做了"有着本质的差异，"明白了"是对教师讲解、揭示的知识、方法的理性认同，知道解题所需的基础知识，理解解决问题的道理；"明白了"的思维主体不是学生自己，而是教师、是他人。"会做了"是学生主体的思维实践行为，体现为能够想得到问题解决的思路、做得出结果；"会做了"的解决问题的思维主体是学生自己。

要由"听懂了"到"会做了"，就必须进行问题解决的实践操练，经历运用所学知识解决问题的过程，会分析、会转化、能运算、解得出。

由"明白了"到"会做了"需要经历一个相对漫长的发展过程，既需要技能训练，又需要实践体悟和能力增长。

（二）"会而不对"现象

"会而不对"指的是题目会做，但答案不对，主要原因在于运算不准，严谨性不足，或者后续转化找不到方向，或者有急躁心理，从而导致错误。避免此类现象的方法：首先，在心态上要冷静、沉着；其次，运算时小步子，细心算，勤检查。

（三）"对而不全"现象

"对而不全"指的是答案对了，但得不到满分。出现这一问题的主要原因在于解题时推理的严谨性不足，或者后期运算出错。数学解题依托的是根据定理、公式等进行的严谨的演绎推理，忽视有关命题成立的条件，往往会产生一些纰漏。

三、解题课教学方式

（一）主题式教学

教师围绕某一知识点、某一种方法或者某一种题型组织教学素材，以主题形式进行教学，旨在专门攻克专题内容。例如，围绕动点轨迹问题求解时，系统介绍轨迹求解方法：直接法、代入法、交轨法、参数法等。

（二）拓展性教学

对一些有价值的专题，从基础性问题开始，在知识方面逐步拓展，深化学生认知，形成富有探究性的知识生成体系，以增强学生探究、发现知识的乐趣，提升学生的创新意识和能力。

四、案例：微专题《解三角形》导学案

高中数学"探究式学习模式"解题课导学案模板见表 8 – 3 – 1。

表 8 - 3 - 1

年级	高三	科目		数学	课型	解题课
课时	1	课题			微专题——解三角形	
考情分析	考纲考情	掌握正弦定理、余弦定理，并能解决一些简单的三角形度量问题				
	五年考题	2016 年　T17 2017 年　T9　T17 2018 年　T16　T17 2019 年　T11　T17				
	考情播报	1. 利用正、余弦定理求三角形中的边、角问题是高考考查的热点。 2. 常与三角恒等变换、平面向量、平面（立体）几何相结合出现在解答题中，综合考查三角形中的边角关系、三角形形状的判断等问题。 3. 三种题型都有可能出现，属中低档题				
学习重点难点	重点：利用正弦、余弦定理求三角形中的边、角问题。 难点：多个三角形背景下的正弦、余弦定理的综合应用					
前置任务	1. 完成《解三角形》思维导图。 2. 完成真题回炉					

导学过程					
环节	学习任务	时间分配 （分钟）	学生活动与学法指导	教师活动与方法预设	备注
1	完成《解三角形》思维导图	10	课前学生自主完成	提炼升华	
2	完成真题回炉	40	课前学生自主完成	提前发放学案	
3	自主学习，合作探究	25	课堂师生、生生合作完成	适时引导	
4	有效训练，反馈展示	10	学生自主完成	抓住典型错误	
5	归纳梳理，整合内化	5	学生小组讨论交流后自己总结，教师提炼升华	知识点与方法的总结	
6	课后延伸，能力拓展	10	课后学生自主完成	选题承前启后	

（一）课前预习学案

1. 画出《解三角形》思维导图

略。

2. 真题回炉（每题限时 10 分钟完成）

1.（2016·全国卷 I）$\triangle ABC$ 的内角 A，B，C 的对边分别为 a，b，c，已知 $2\cos C\,(a\cos B + b\cos A)\,=c$。

（1）求 $\angle C$。

（2）若 $c = \sqrt{7}$，$\triangle ABC$ 的面积为 $\dfrac{3\sqrt{3}}{2}$，求 $\triangle ABC$ 的周长。

2.（2017·全国卷 I）$\triangle ABC$ 的内角 A，B，C 的对边分别为 a，b，c，已知 $\triangle ABC$ 的面积为 $\dfrac{a^2}{3\sin A}$。

（1）求 $\sin B\sin C$。

（2）若 $6\cos B\cos C = 1$，$a = 3$，求 $\triangle ABC$ 的周长。

3.（2018·全国卷 I）在平面四边形 $ABCD$ 中，$\angle ADC = 90°$，$\angle A = 45°$，$AB = 2$，$BD = 5$。

（1）求 $\cos\angle ADB$。

（2）若 $DC = 2\sqrt{2}$，求 BC。

4.（2019·全国卷 I）$\triangle ABC$ 的内角 A，B，C 的对边分别为 a，b，c，设 $(\sin B - \sin C)^2 = \sin^2 A - \sin B\sin C$。

（1）求 $\angle A$。

（2）若 $\sqrt{2}a + b = 2c$，求 $\sin C$。

（二）课堂探究学案

1. 质疑探究——自主学习，合作探究（25 分钟）

题组一（限时 5 分钟）

例 1（1）$\triangle ABC$ 的内角 A，B，C 所对的边分别为 a，b，c，若 $c = \sqrt{2}$，$b = \sqrt{6}$，$\angle B = 60°$，则 $\angle C = $ _____。

例1（2） △ABC 的内角 A，B，C 所对的边分别为 a，b，c，若 $c = \sqrt{2}$，$b = \sqrt{6}$，$\angle C = 30°$，则 $\angle B =$ _____。

例1（3） 在△ABC 中，$BC = 2$，$B = 60°$，若△ABC 的面积等于 $\frac{\sqrt{3}}{2}$，则 AC 边长为_____。

题组二（限时 10 分钟）

例2（1） 如图 8 - 3 - 1 所示，在△ABC 中，D 是边 AC 上的点，且 $AB = AD$，$2AB = \sqrt{3}BD$，$BC = 2BD$，则 $\sin C$ 的值为_____。

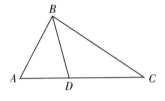

图 8 - 3 - 1

例2（2） 如图 8 - 3 - 2 所示，在 △ABC 中，D 为边 BC 上一点，$BD = \frac{1}{2}CD$，$\angle ADB = 120°$，$AD = 2$，若 △ADC 的面积为 $3 - \sqrt{3}$，则 $\angle BAC =$ _____。

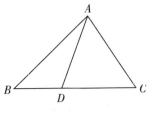

图 8 - 3 - 2

例2（3） 如图 8 - 3 - 3 所示，在△ABC 中，$\angle BAC = \frac{3\pi}{4}$，$AB = 6$，$AC = 3\sqrt{2}$，点 D 在 BC 边上。

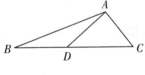

图 8 - 3 - 3

若 $AD = BD$，则 AD 边长为_____。

若 D 为 BC 的中点，则 AD 边长为_____。

题组三（限时 10 分钟）

例 3 在 $\triangle ABC$ 中，内角 A，B，C 的对边分别为 a，b，c，且 $a > c$，已知 $\overrightarrow{BA} \cdot \overrightarrow{BC} = 2$，$\cos B = \dfrac{1}{3}$，$b = 3$，求：

（1）a，c 的值。

（2）$\cos (B - C)$ 的值。

2. 当堂检测——有效训练，反馈展示（限时 10 分钟）

例 4 如图 8-3-4 所示，在 $\triangle ABC$ 中，D 是 BC 上的点，AD 平分 $\angle BAC$，$\triangle ABD$ 的面积是 $\triangle ADC$ 面积的 2 倍。

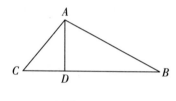

图 8-3-4

（1）求 $\dfrac{\sin B}{\sin C}$。

（2）若 $AD = 1$，$DC = \dfrac{\sqrt{2}}{2}$，求 BD，AC 的长。

3. 我的收获——归纳梳理，整合内化（5 分钟）

（1）知识网络：

（2）方法总结：

4. 作业——课后延伸，能力拓展

完成《微专题——解三角形》练习部分。

（三）课后延伸，能力拓展

在 $\triangle ABC$ 中，角 A，B，C 所对的边分别为 a，b，c，且满足 $\dfrac{a}{c} \cdot \cos B +$

$$\frac{b^2 + c^2 - a^2}{2c^2} = 3\cos A。$$

（1）若 $\sin C = \dfrac{c}{2}$，求 a。

（2）若 $S_{\triangle ABC} = \dfrac{\sqrt{2}}{2}$，$b + c = 3$，求 $\triangle ABC$ 外接圆的面积。

第四节　高中数学"探究式学习模式"
讲评课教学设计

　　讲评课是数学教学中的一种常态课型，通常分试卷讲评课和作业讲评课两类。其中作业讲评课容量较小，一般放在下一节课中用几分钟时间针对典型问题和方法予以讲评，因而不会单独构成一节课。本文主要讨论的是试卷讲评课，所提要点也适用于作业讲评课。

　　一般在讲评课中，教师往往对解答错误率高的试题逐题进行讲解，给出正确解法，这是讲评课最省力的一种教学方式，但这种以题讲题的方式也是效益较低的教学方式：教师只是对错解率高的试题逐题泛泛讲解，很少真正去剖析错因，没有比较一些优质解法，缺少方法提炼与概括，更没有从丰富、完善学生知识结构和数学思想方法系统的角度去讲评。讲评课既要重视"讲"，也要重视"评"。那么，讲什么、怎样讲以及如何评就是我们应探讨的问题。对它的功能、教学方式及有效性进行深入探索，可以使讲评课获得较高效益。

一、讲评课的价值

　　试卷的检测功能使得学生对知识的理解水平与应用能力暴露在卷面上，因而，根据卷面反映的信息，教师可以发现学生在知识、方法、思维、能力、态度等方面存在的问题，并通过讲评课予以解决，加深学生对知识、思想方法的理解，使学生形成完整的数学思维方法系统，打通知识的内在联系，增强学生重点知识应用的熟练性，提高学生的解题能力，增强学生的自信心和自觉学习的内在动力。

（一）诊断

对错解率高的试题，归纳出主要错误类型，进行诊断、评析，弄清错因，防止类似错误的再次出现。

（二）处置

学生的每一个错解都反映出其自身没有突破的节点，这个节点可能是知识性欠缺，或者是方法性错误，或者是方向性错误，或者是运算性错误。在讲评课中，教师要对学生出现的具体、典型的症结予以处置，实施重点突破，帮助学生打开解题通道。

（三）讲评

对于典型试题，教师对学生的讲评必须思路清晰、过程简化，提供多种方法与最优解法。这些好的解法若是学生想到的，则可让学生到讲台上展示、讲解；若是教师想到的，则需要解释解题方向的选择过程、解题方法的产生过程，以开阔学生视野，拓展、优化学生思维。

二、讲评课的教学流程

（一）自主更正

对于学生能够自己找出错因、自行更正的问题，教师可以不予讲评，只点拨要点即可。

（二）分类讲评

对于需要在课堂上讲评的问题，教师要做足功课，根据讲评目标分类处理。首先，重点是针对学生解答中存在的问题，通过剖析错因、揭示突破节点的要旨等方式，强化关键，完善解答，优化思维；其次，对一些优质解法做好推广。而对压轴题的最后一两问，由于其思维量大、运算复杂，求解技术性要求较高，如果面向全体学生讲评，不仅耗时耗力，而且绝大部分学生如听天书，只有少数学生能够接受。对于这样的问题，处理方式是不在课堂上讲，建议把答案发给学生，由学生自己去研读，但对少数有需求的学优生可以进行个别辅导。

（三）核心讨论

选两到三个典型题目的错解，组织学生进行讨论，师生一起分析错因，梳理解答要点，深化学生认知。

（四）巩固拓展

针对试卷反映出的主要问题，编选有针对性的变式练习作为作业，以巩固讲评效果，提升学生分析问题、解决问题的能力。

（五）归纳小结

归纳小结时，就主要错误类型及产生原因归类，不求全面，但要典型；同时，梳理主要优质解法。

三、讲评课的讲解方式

讲评课的讲解方式主要看试卷的类型，对搜集到的材料进行必要的归纳整理，确定讲评的主线，将这些问题综合分析，理清讲解思路，安排讲解次序，重点讲解，宜分析透、讲解透，目的是促使学生将问题理解透。例如，按照错误类型分类，可分为知识性问题、方法性问题、运算问题；按照答卷的方式、技巧、应注意的问题分类；按照数学思想方法以及数学解题方法分类，可分为数形结合法、换元法、直接法、间接法等。具体实践中往往要将上述讲解思路进行穿插，综合运用。

（一）点评式

点评式是以教师的讲解为主，对错误产生的原因予以诊断，对优质解法予以评价。也就是说，一是展示、揭示优质解答的思维过程，交流解决问题的几种主要思路方法，剖析思维关键点；二是点评错解的症结、失误的根源，使学生对错误有明晰的认识，从而弥补知识漏洞，完善知识结构。由于学生已经对整个卷试题目有了一定的了解，所以点评式具有效率高、信息量大的特点，是试卷讲评课的主要方式。其缺点是学生主动探究性不强。

但是，数学活动主要是数学思维活动，所以不能因为教师的讲解而认定学生仅仅是被动接受而缺乏主动性。其实学生也是跟着教师的思路在主动探索的，有的甚至超越了教师的思路。教师讲解可按解法、知识块、错误类型等不同分类进行。点评式适用于整卷难度较大、学生答卷状况较差的试卷的讲评。

（二）研讨式

研讨式是在发放答卷、公布答案、学生自查自纠的基础上，对于具有一定典型性的问题，组织学生分组讨论，给出正确的思路和解答过程。教师针对学生的解决方案，适时给出点评，并给予适当的概括、迁移，将学生的认识加以升华。

（三）启导式

启导式，顾名思义重在启发、引导，其形式是教师从知识点、数学思维方法等方面对学生进行启发、引导，使学生体悟解题方向的选择、转化方法的生成以及运算关键点的突破，深刻理解解题思路产生的前因后果。该方式要求教师站在数学整体知识结构和数学方法体系的高度组织教学，重在启发学生思考，有的问题要从数式结构上联想，有的问题要从已知的含义上联想。思考的基础是思考者有清晰的基础知识，所以，教学中要使学生打下扎实的"双基"基础。教师要理清启发点，通过讲评，力争让学生把该题所涉及的基础知识和数学方法弄清，明白如何想、怎样想，力争做到人人过关，课后独立完成错题改正，弄清关键。数学的核心价值在于对思维能力的训练与提高，应用知识分析、解决问题，力求做到见式有法、见题懂意。已知条件的应用有时是直用，有时是意用，要弄清条件的含义。对典型数学问题的讲评，不要仅仅停留于问题本身，如果能够适当拓展，往往会起到举一反三、触类旁通的作用，极大地发挥讲评的功效，尤其对数学思维的启迪具有很强的作用。

四、案例：《2021 年全国八省统一适应性考试》讲评课导学案

高中数学"探究式学习模式"讲评课导学案模板见表 8 - 4 - 1。

表 8 - 4 - 1

年级	高三	科目	数学	课型	讲评课
课时	1	课题	\multicolumn{3}{c}{《2021 年全国八省统一适应性考试》试卷讲评}

考情播报	随着新高考改革的推进，2021 年 6 月 7—9 日新高考模式在全国 8 个省（河北、辽宁、湖北、湖南、江苏、福建、广东、重庆）正式实施，为了让学生对新高考模式有所适应与准备，2021 年 1 月 23—25 日举行了 2021 年教育部新高考八省联考考试（以下简称高考适应性考试），其中语文、数学、英语三个学科由教育部命题中心统一命题，其余六科由各省自主命题，新高考数学将不再分文理科。从这次适应性考试后学生的整体反应来看，数学学科反响比较强烈，有些出乎学生的预料。整份试卷没有不良结构题，但很多题目学生做起来感觉比较困难
学习重点难点	重点：知识点与方法总结。 难点：错因分析
前置任务	1. 完成《2021 年全国八省统一适应性考试》错题纠错。 2. 针对自己的错误总结知识点与方法

\multicolumn{6}{c}{导学过程}
环节	学习任务	时间分配（分钟）	学生活动与学法指导	教师活动与方法预设	备注
1	完成《2021 年全国八省统一适应性考试》错题纠错	40	课前学生自主完成	提炼升华	
2	自主学习，合作探究	25	课堂师生、生生合作完成	抓住典型错误，适时引导	
3	有效训练，反馈展示	10	学生自主完成	适时引导	
4	归纳梳理，整合内化	5	学生小组讨论交流后自己总结，教师提炼升华	知识点与方法的总结	
5	课后延伸，能力拓展	10	课后学生自主完成	选题有针对性	

（一）课前预习学案

（1）完成《2021 年全国八省统一适应性考试》错题纠错。

（2）针对自己的错误总结相应知识点与方法。

（二）课堂探究学案

1. 试题整体分析

考查的知识点、数学思想、核心素养见表 8 – 4 – 2。

表 8 – 4 – 2

题号	考查知识点	考查形式	数学思想与方法	核心素养	分值
1	集合关系与运算	选择题（单选）	数形结合思想	数学抽象	5
2	概率与统计（古典概型）	选择题（单选）	概率统计思想	数学建模	5
3	简易逻辑	选择题（单选）	归纳推理思想	逻辑推理	5
4	解析几何（椭圆）	选择题（单选）	数形结合思想	数学运算	5
5	平面向量	选择题（单选）	数形结合思想	数学运算	5
6	二项式定理（系数）	选择题（单选）	归纳推理思想	逻辑推理	5
7	解析几何（直线、圆、抛物线）	选择题（单选）	数形结合思想	数学运算	5
8	函数与导数（不等式）	选择题（单选）	函数与方程思想	数学建模	5
9	函数与导数（性质）	选择题（多选）	函数与方程思想	逻辑推理、数学运算	5
10	复数（抽象运算）	选择题（多选）	类比与转化思想	数学抽象	5
11	立体几何（折叠问题）	选择题（多选）	数形结合思想	直观想象、数学建模	5
12	三角函数（性质）	选择题（多选）	函数与方程思想	逻辑推理、数学运算	5
13	立体几何（圆台体积）	填空题	类比与转化思想	数学建模	5
14	解析几何（直线斜率）	填空题	数形结合思想	逻辑推理、数学运算	5

续 表

题号	考查知识点	考查形式	数学思想与方法	核心素养	分值
15	三角函数（周期、奇偶）	填空题（开放式命题）	归纳推理思想	数学建模	5
16	概率与统计（正态分布）	填空题	概率统计思想	数据分析、数学运算	5
17	数列（等比）	解答题	化归与转化思想	逻辑推理、数学建模	10
18	三角函数（解三角形）	解答题	数形结合思想	数学建模、数学运算	12
19	概率与统计（分布列、期望）	解答题	概率统计思想	数学建模、数学运算	12
20	立体几何（数学文化）	解答题（创新题）	类比与转化思想、数形结合思想	直观想象、逻辑推理、数学建模、数据分析、数学运算	12
21	圆锥曲线（双曲线）	解答题	数形结合思想	逻辑推理、数学运算	12
22	函数与导数	解答题	分类讨论思想、函数与方程思想	逻辑推理、数学运算	12

2. 试题结构分析

数学主干知识是支撑数学试卷的顶梁柱，数学题型也是相对比较稳定的，但高考对热点知识的考查年年有新颖的题目出现。本次高考适应性考试主要围绕主干知识进行考查，其中函数与导数 22 分（第 8、9、22 题），三角函数与解三角形 22 分（第 12、15、18 题），立体几何 22 分（第 11、13、20 题），解析几何 27 分（第 4、7、14、21 题），概率与统计 22 分（第 2、9、22 题），数列 10 分。这六个主要知识模块所占分值达 125 分，占全卷的 83.3%，其余涉及的几个知识点也是历年高考的高频考点：集合、简易逻辑、复数、平面向量、二项式定理各 5 分，共 25 分，占全卷的 16.7%。本次高考适应性考试在整体结构上的分布与历年全国高考试题基本一致，起到了很好的高考导向性作用。

3. 学生主要错因分析

（1）学生的思变能力欠缺。

本次高考适应性考试对集合（第 1 题）、二项式定理（第 6 题）、复数（第 10 题）、圆台体积（第 13 题）等基本知识点（高频考点）的考查不再像以往考试中那么简单，每题都有一定的思维含量，涉及多个知识点的综合考查，有一定难度。例如，第 1 题集合考查的是抽象集合的运算，需要学生经过逻辑推理，再利用数形结合思想（韦恩图或数轴）作图才能作答，完全不同于以往具体集合的运算（但此题实际上也可以将抽象集合具体化后快速求解，如令 $\complement_R M = (1, 2)$，$N = (0, 3)$ 求解即可。第 6 题对二项式定理的考查比较灵活，不再是常见的求指定项系数问题，需要合并组合数后才能快速求解（利用公式 $C_n^{r+1} + C_n^r = C_{n+1}^{r+1}$ 计算 $C_2^2 + C_3^2 + \cdots + C_9^2 = C_{10}^3 = 120$），当然学生也可以把每个组合数都计算出来，但那样会浪费很多时间。第 10 题对复数的考查以多选题形式出现，目的是考查复数的相关运算，但不同于以往具体复数的直接四则运算，很多学生不会把三个复数具体化再进行逐个选项排除作答（如令 $z_1 = 1 + i$，$z_2 = 1 - i$ 即可快速排除 A、D 选项）。第 13 题圆台的体积公式，平时教学中教师一般不要求学生记忆，很多学生一看就慌了，忘记了圆台的本质是用一个平行于底面的平面去截取圆锥而来的，可以用大圆锥的体积减去小圆锥的体积从而得到圆台的体积。学生的思变能力欠缺，导致平时熟练的几个高频考点题不会做，这让很多学生在心理上被打了个"措手不及"，在自信心与答题节奏上一开始就有点"乱套"了！

（2）学生的解题模式固化。

本次高考适应性考试试题最大的特点是打破以往惯例，考查内容与形式都与以往考试有较大差异，摆脱了所谓的"解题套路"。前四个大题（得分的主战场）中第 17 题（数列）考查的是数列连续三项的一个递推关系，需要先化归成等比数列求出相邻两项之间的递推式，再利用"同除法"或"奇偶分项与叠加法"化归后才能求出通项公式。由于近几年全国卷对数列的考查相对比较简单（一般为第一或第二道大题），大多数一线教师在此模块相应地降低了教学难度，一般只涉及由相邻两项的递推公式求通项的知识点，解题模式已经固化，学生平时几乎没有遇到过连续三项的递推关系，所以几乎无从下手。本来此题也可以用"数学归纳法"去归纳、猜想、证明，从而快速解决问题，但由于新课程改革，新教材中"数学归纳法"已被删除，所以很多一线教师根本没有给学生教授此知识点。第 18 题（解三角形）以梯形为载体，需要在不同的三角形中多次使用余弦定理才能解决问题，而且计算比较烦琐，最终结果比较复杂（带根号），对于运算能力较差的学生又是一个挑战。后两道压轴题中，第 21 题（解析几何）的考查以双曲线为载体，打破了椭圆和抛物线在高考中的"垄断"地位，从解法上摆脱了"联立"的枷锁，应该引起我们足够的重视。第二问的证明题需要将角度问题转化为对应直线的斜率问题去求解，进一步明确了新课标中有关解析几何模块的学业要求：能够根据几何问题和图形的特点，用代数语言把几何问题转化为代数问题。

（3）学生的答题策略不当。

新高考模式结构与以往高考最大的不同是选择题由原来的 12 个单选题变为 8 个单选题和 4 个多选题，每个小题的分值还是 5 分不变，但多选题全对 5 分、少选 2 分、选错 0 分。其中多选题的考查对学生提出了更高的综合能力要求。例如，本次高考适应性考试试题的 4 个多选题中第 9、10、12 题的四个选项考查不同内容，如果学生不能快速排除干扰选项，而是每个选项逐一解答，那就等同于做 1 个题耗费了 4 个题的时间，这对本来答题时间就不够的学生来说无疑是"雪上加霜"。例如，第 9 题 A、C 选项需要先求导数才能求解，但 B、D

选项是可以直接根据零点为 0 和定义域不关于原点对称来快速排除的。放弃多选题不甘心，完成它又浪费了后面做大题的时间，使多选题成了学生难以突破的一个瓶颈。但新高考设置多选题的初衷是让不同层次的学生获得不同的分数，更好地检测不同层次学生的水平，同时避免存有侥幸心理的学生蒙混过关，真正发挥高考选拔人才的功能。学生考试时应该根据自身情况进行"取舍"，快速作答，亦可尝试用"特值排除法"去解决多选题。

4. 典型剖析

例 1　试题再现（第 17 题）：已知各项都为正数的数列 $\{a_n\}$ 满足 $a_{n+2} = 2a_{n+1} + 3a_n$。

（1）证明：数列 $\{a_n + a_{n+1}\}$ 为等比数列。

（2）若 $a_1 = \dfrac{1}{2}$，$a_2 = \dfrac{3}{2}$，求 $\{a_n\}$ 的通项公式。

（1）**证明：**

法一（按题目构造好的数列结构直接进行配凑）

由 $a_{n+2} = 2a_{n+1} + 3a_n$ 可得

$$a_{n+2} + a_{n+1} = 3a_{n+1} + 3a_n = 3\,(a_{n+1} + a_n)$$

$$\therefore \frac{a_{n+2} + a_{n+1}}{a_{n+1} + a_n} = 3\ （非零常数）$$

因为数列各项都为正数，所以 $a_1 + a_2 > 0$，所以 $\{a_n + a_{n+1}\}$ 是公比为 3 的等比数列。

法二（按等比数列定义直接证明）

$$\because a_{n+2} = 2a_{n+1} + 3a_n$$

$$\therefore \frac{a_{n+2} + a_{n+1}}{a_{n+1} + a_n} = \frac{(2a_{n+1} + 3a_n) + a_{n+1}}{a_{n+1} + a_n} = \frac{3\,(a_{n+1} + a_n)}{a_{n+1} + a_n} = 3\ （非零常数）$$

因为数列各项都为正数，所以 $a_1 + a_2 > 0$，所以 $\{a_n + a_{n+1}\}$ 是公比为 3 的等比数列。

（2）**解：** $\because a_1 = \dfrac{1}{2}$，$a_2 = \dfrac{3}{2}$

$$\therefore a_1 + a_2 = 2$$

由（1）可得

数列 $\{a_n + a_{n+1}\}$ 是以 2 位首项，3 为公比的等比数列

$\therefore a_n + a_{n+1} = 2 \cdot 3^{n-1}$

解法一：（同除法）

$\therefore a_{n+1} = -a_n + 2 \times 3^{n-1}$

即 $\dfrac{a_{n+1}}{3^{n-1}} = -\dfrac{1}{3} \cdot \dfrac{a_n}{3^{n-2}} + 2$

令 $b_n = \dfrac{a_n}{3^{n-2}}$，则 $b_{n+1} = -\dfrac{1}{3} \cdot b_n + 2$，有 $b_{n+1} - \dfrac{3}{2} = -\dfrac{1}{3}\left(b_n - \dfrac{3}{2}\right)$

而 $b_1 - \dfrac{3}{2} = \dfrac{a_1}{3^{-1}} - \dfrac{3}{2} = \dfrac{3}{2} - \dfrac{3}{2} = 0$

$\therefore b_n - \dfrac{3}{2} = b_1 - \dfrac{3}{2} = 0$，即 $b_n = \dfrac{3}{2}$

$\therefore \dfrac{a_n}{3^{n-2}} = \dfrac{3}{2}$，即 $a_n = \dfrac{3^{n-1}}{2}$

解法二：（奇偶分项、叠加法）

$\because a_n + a_{n+1} = 2 \cdot 3^{n-1}$

$\therefore a_{n+1} + a_{n+2} = 2 \cdot 3^{n}$

$\therefore a_{n+2} - a_n = 2 \cdot 3^{n} - 2 \cdot 3^{n-1} = 4 \cdot 3^{n-1}$

当 n 为奇数时

$a_n - a_1 = (a_n - a_{n-2}) + (a_{n-2} - a_{n-4}) + \cdots (a_3 - a_1) = 4 \cdot 3^{n-3} + 4 \cdot$

$3^{n-5} + \cdots + 4 \cdot 3^0 = 4 \cdot \dfrac{1 - 9^{\frac{n-1}{2}}}{1 - 9} = \dfrac{3^{n-1}}{2} - \dfrac{1}{2}$，所以 $a_n = \dfrac{3^{n-1}}{2}$

当 n 为偶数时，$a_n - a_2 = (a_n - a_{n-2}) + (a_{n-2} - a_{n-4}) + \cdots (a_4 - a_2) =$

$4 \cdot 3^{n-3} + 4 \cdot 3^{n-5} + \cdots + 4 \cdot 3^1 = 4 \cdot \dfrac{3\left(1 - 9^{\frac{n-2}{2}}\right)}{1 - 9} = \dfrac{3^{n-1}}{2} - \dfrac{3}{2}$

所以 $a_n = \dfrac{3^{n-1}}{2}$

综上，$a_n = \dfrac{3^{n-1}}{2}$

解法三：（数学归纳法）

$\because a_1 = \dfrac{1}{2}$，$a_2 = \dfrac{3}{2}$，$a_{n+1} = -a_n + 2 \times 3^{n-1}$

$\therefore a_3 = \dfrac{9}{2}$，$a_4 = \dfrac{27}{2}$，$\cdots$

猜想 $a_n = \dfrac{3^{n-1}}{2}$，用数学归纳法证明如下：

① 当 $n=1$ 时，$a_1 = \dfrac{1}{2} = \dfrac{3^{1-1}}{2}$，猜想成立。

② 假设 $n=k$（$k \geqslant 1$，$k \in \mathbf{N}$）时猜想成立，即 $a_k = \dfrac{3^{k-1}}{2}$，那么

$n = k+1$ 时

$a_{k+1} = -a_k + 2 \cdot 3^{k-1} = -\dfrac{3^{k-1}}{2} + 2 \cdot 3^{k-1} = \dfrac{3^k}{2} = \dfrac{3^{(k+1)-1}}{2}$

所以 $n = k+1$ 时猜想也成立。

综合①②可得，对一切 $n \in \mathbf{N}$ 都有 $a_n = \dfrac{3^{n-1}}{2}$ 成立。

小结：本次高考适应性考试命题特点充分体现了数学的本质问题。学生除了重视对数学本身的基础知识体系的系统复习外，还应该加深对数学概念本质的理解，减少纯粹的机械与模仿式刷题和寻找所谓的"解题套路"。在平时的训练中应该学会从不同的角度去思考与解决问题，尝试一题多解，而不是解题模式固化为某种题型只能用某种方法解决。

例2 试题再现（第19题）：一台设备由三个部件构成，假设在一天的运转中，部件1，2，3需要调整的概率分别为0.1，0.2，0.3，各部件的状态相互独立。

（1）求设备在一天的运转中，部件1，2中至少有1个需要调整的概率。

（2）记设备在一天的运转中需要调整的部件个数为 X，求 X 的分布列及数学期望。

解：（1）设部件1需要调整为事件 A，部件2需要调整为事件 B，部件3需要调整为事件 C

由题意可知，$P(A)=0.1$，$P(B)=0.2$，$P(C)=0.3$

部件 1，2 中至少有 1 个需要调整的概率为

$1-[1-P(A)][1-P(B)]=1-0.9\times0.8=1-0.72=0.28$

（2）由题意可知 X 的取值为 0，1，2，3

且 $P(X=0)=[1-P(A)][1-P(B)][1-P(C)]$

$$=(1-0.1)\times(1-0.2)\times(1-0.3)=0.504$$

$P(X=1)=P(A)[1-P(B)][1-P(C)]+[1-P(A)]P(B)[1-P(C)]$
$+[1-P(A)][1-P(B)]P(C)$

$$=0.1\times0.8\times0.7+0.9\times0.2\times0.7+0.9\times0.8\times0.3=0.398$$

$P(X=2)=P(A)P(B)[1-P(C)]+P(A)[1-P(B)]P(C)+[1-P(A)]P(C)P(B)$

$$=0.1\times0.2\times0.7+0.1\times0.8\times0.3+0.9\times0.2\times0.3=0.092$$

$P(X=3)=P(A)P(B)P(C)=0.1\times0.2\times0.3=0.006$

故 X 的分布列为（表 8 – 4 – 3）：

表 8 – 4 – 3

X	0	1	2	3
$P(X)$	0.504	0.398	0.092	0.006

其数学期望 $E(X)=0.504\times0+0.398\times1+0.092\times2+0.006\times3=0.6$

小结：广泛的应用性是数学的基本属性，数学已成为人们日常生活中不可或缺的重要方面，科学技术的进步更离不开数学。将数学知识运用于实践，是公民的基本素养，对数学应用能力的考查也是高考数学试卷的重要内容。近几年来，高考把概率统计题在整套试题的排位后移，难度加大，是高考增强实践性的重要信号，值得我们认真关注和研究。很多学生不能从实际问题的背景材料中提取有效的数据信息是此次考试最大的障碍所在。例如，本次高考适应性考试第 2 题（生活中的概率问题，此类概率问题在实际生活中应用很多）、第 16 题（正态分布问题，此类概率问题是工业生产中常用的 3σ 检验）、第 19 题（概率统计题）都重在考查数学的实际应用，将实际问题转化成数学模型，利

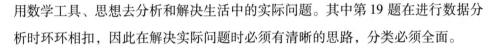

用数学工具、思想去分析和解决生活中的实际问题。其中第 19 题在进行数据分析时环环相扣，因此在解决实际问题时必须有清晰的思路，分类必须全面。

（三）课后延伸学案

1. 已知数列 $\{a_n\}$ 满足 $a_1 = 1$，$a_{n+1} = \begin{cases} a_n + 1, & n \text{ 为奇数} \\ a_n + 2, & n \text{ 为偶数} \end{cases}$。

（1）记 $b_n = a_{2n}$，写出 b_1，b_2，并求数列 $\{b_n\}$ 的通项公式。

（2）求 $\{a_n\}$ 的前 20 项和。

2. 某商场以分期付款方式销售某种商品，根据以往的资料统计，顾客购买该商品选择分期付款的期数 ξ 的分布列为：

ξ	2	3	4
P	0.4	a	b

其中 $0 < a < 1$，$0 < b < 1$。

（1）求购买该商品的 3 位顾客中，恰有 2 位选择分 2 期付款的概率。

（2）商场销售一件该商品，若顾客选择分 2 期付款，则商场获得的利润为 200 元；若顾客选择分 3 期付款，则商场获得的利润为 250 元；若顾客选择分 4 期付款，则商场获得的利润为 300 元。商场销售两件该商品所获得的利润记为 X（单位：元）。

① 求 X 的分布列。

② 若 $P(X \leqslant 500) \geqslant 0.8$，求 X 的数学期望 $E(X)$ 的最大值。

参 考 文 献

[1] 欧阳宇. "问题导学"课型的理论探索与实践研究 [M]. 长沙：湖南师范大学出版社，2020.

[2] 孟胜奇. 高中数学发展性教学顶层设计 [M]. 长春：东北师范大学出版社，2017.

[3] 肖凌戆，张先龙. 高中数学"优效课堂"研究 [M]. 西安：陕西师范大学出版社，2017.

[4] 蔡旺庆. 探究式教学的理论、实践与案例 [M]. 南京：南京大学出版社，2015.

[5] 徐学福. 探究学习教学模式 [M]. 北京：人民出版社，2018.

[6] 杜翔云，安奈特·科莫斯，钟秉林. 基于问题的学习：理论与实践 [M]. 杜翔云，等译. 北京：高等教育出版社，2013.

[7] 杨计明. 问题导学法 [M]. 广州：广东高等教育出版社，2017.

[8] 马玉玺. "问题导学"教学模式学习导航编制标准 [M]. 太原：山西教育出版社，2012.

[9] 陈智慧. 创设问题情境引领学生的创新思维 [D]. 长春：东北师范大学出版社，2005.

[10] 珍妮特·沃斯，林佳豫. 自主学习的革命：《学习的革命》工具篇 [M]. 刘文，译. 北京：中国友谊出版社，2016.

[11] 王坦. 合作学习简论 [J]. 中国教育学刊，2002（1）：32−35.

[12] 何克抗. 建构主义——革新传统教学的理论基础（三）[J]. 学科教育，

1998 (5)：48 –49.

[13] 薛国凤，王亚晖. 当代西方建构主义教学理论评析 [J]. 高等教育研究，2003，24 (1)：95 –99.

[14] 张元贵. 参与·理解·调适——中学生有效学习的指导策略研究 [M]. 上海：上海三联书店，2005.

[15] 克莱尔·艾伦·温斯坦，劳拉·M. 休莫. 终身受用的学习：帮助学生找到有效的学习方法 [M]. 伍新春，秦宪刚，译. 北京：中国轻工业出版社，2003.

[16] 徐世贵. 新课程实施难点与教学对策 [M]. 北京：开明出版社，2003.

[17] 杨九俊，周勇. 新课程说课、听课与评课 [M]. 北京：教育科学出版社，2006.

[18] 唐瑞芬，朱成杰. 数学教学理论选讲 [M]. 上海：华东师范大学出版社，2001.

[19] 胡炯涛. 中学数学教学纵横谈 [M]. 济南：山东教育出版社，1997.

[20] 章建跃，朱文方. 中学数学教学心理学 [M]. 北京：北京教育出版社，2001.

[21] 安德森. 教育大百科全书·教学 [M]. 郭华，译. 重庆：西南师范大学出版社，2011.

[22] 孙自强，王标. 国外经典教学模式论 [M]. 北京：科学出版社，2017.

[23] 施良方，崔允漷. 教育理论：课堂教学的原理与策略 [M]. 上海：华东师范大学出版社，1999.

[24] 高文. 教学模式论 [M]. 上海：上海教育出版社，2002.

[25] 赵亚夫. 高中课堂有效教学 [M]. 北京：北京师范大学出版社，2015.

[26] 查有梁. 新教学模式之建构 [M]. 南宁：广西教育出版社，2003.

[27] 韩立福. 有效教学法 [M]. 北京：首都师范大学出版社，2012.

[28] 欧阳宇. "问题导学" 课型的基本内涵、理论依据与模式建构 [J]. 基础教育研究，2016 (15)：49 –52.

［29］肖海英. "问题导学"理念下的高中数学探究式学习策略［J］. 课程教学研究，2016（4）：49－52.

［30］邓城，肖海英. 数列不等式复习课中的问与导［J］. 数学通讯：教师阅读，2015（5）：51－55.

［31］李雷，肖海英. "问题导学"模式下实施高中数学微课教学的反思［J］. 新教育（海南），2016（3）：17－18.

［32］李雷，毕维娜. 手机 Geogebra 在高中数学课堂的实践与反思——以"直线与圆的位置关系（一）"为例［J］，数学教学研究. 2016，35（9）：47－51.

［33］肖海英. 透析联考试题特点，明确高考备考方向——2021 年八省市高考适应性考试试题评析及备考方向与建议［J］. 中学数学研究（华南师范大学）：上半月，2021（3）：11－15.

［34］谭景凤，于波. 问题情境的性质及其教育意义［J］. 教学与管理：中学版，2016（9）：1－4.

［35］刘冬梅. 问题与问题情境［J］. 滁州师专学报，2001，3（1）：64－66.

［36］刘虹. 浅议学习的建构性对于培养学习者自主学习能力的意义［J］. 教育教学论坛，2014（43）：209－211.

［37］庞维国. 论学生的自主学习［J］. 华东师范大学学报：教育科学版，2001，20（6）：78－83.

［38］余文森. 略谈主体性与自主学习［J］. 教育探索，2001（12）：32－33.

［39］王坦. 论合作学习的基本理念［J］. 教育研究，2002，23（2）：68－72.

［40］王鉴. 合作学习的形式、实质与问题反思——关于合作学习的课堂志研究［J］. 课程·教材·教法，2004（8）：30－36.

［41］王坦. 合作学习的理论基础简析［J］. 课程·教材·教法，2005（1）：30－35.

［42］蒋波，谭顶良. 论高效合作学习的教学策略［J］. 课程·教材·教法，2007（7）：18－22，27.

［43］余文森．论自主、合作、探究学习［J］．教育研究，2004，25（11）：27－30，62.

［44］郑淑贞，盛群力．在合作学习中促进生生互动的有效策略［J］．浙江教育学院学报，2002（4）：78－83.

［45］蔡慧琴．论教师在合作学习中的角色定位［J］．教育探索，2005（1）：32－33.

［46］王升．小组合作与主体参与［J］．教育理论与实践，2001，21（3）：39－42.

［47］赵海涛，刘继和．"基于问题的学习"与传统教学模式的比较研究［J］．外国教育研究，2007，34（12）：53－57.

［48］梁卫．谈谈问题教学［J］．大连教育学院学报，2002，18（4）：4－6.